Josh McDowell

DIE LETZTE CHRISTLICHE GENERATION?

Die Krise ist real, die Verantwortung liegt bei uns

Impressum

McDowell, Josh
Die letzte christliche Generation
Die Krise ist real, die Verantwortung liegt bei uns

Titel des amerikanischen Originals:
The Last Christian Generation - The Crisis is Real. The Responsibility is Ours by
Josh McDowell and David H. Bellis wich is published by Green Key Books.
Copyright © 2006 by Josh D. McDowell and David H. Bellis. Translated into
German by permission.

ISBN 978-3-89436-939-2

© Copyright 2012 der deutschen Ausgabe
Christliche Verlagsgesellschaft mbH, Dillenburg
www.cv-dillenburg.de
Übersetzung: Hildegund Beimdieke
Umschlaggestaltung: Christoph Ziegeler
www.pixelkraft.de
Druck: CPI Moravia Books, Pohorelice

Printed in Czech Republik

Inhalt

Vorwort des deutschen Herausgebers

Josh McDowell verwendet in dem vorliegenden Buch einige Begriffe und Formulierungen, die manchem Leser aus dem Kontext der *Emerging-Church-Bewegung* bekannt sein werden (z.B. Missionale Gemeinde, Prozess statt Programm). Diese Bewegung und ihre Thesen werden besonders in den USA kontrovers diskutiert; in Deutschland hat die detaillierte Auseinandersetzung mit ihr gerade erst begonnen. Es geht vornehmlich um die Frage, in welchem Verhältnis die Gemeinde zur postmodernen Kultur steht und wie ihre Sendung in die Welt heute aussehen muss.

Wir haben die Aussagen von Josh McDowell geprüft und in ihnen nichts gefunden, was nach unserem Verständnis der biblischen Lehre widerspricht. Er zeigt, wie junge Menschen durch das Vorbild gelebter Christusähnlichkeit und durch gesunde biblische Lehre zur echten Nachfolge bewegt werden. Dieses Anliegen teilen wir als Verlag und möchten es durch die Herausgabe dieses Buches fördern.

Der Verlag, im Januar 2012

Danksagung

Ich möchte folgenden Menschen für ihre Unterstützung bei der Entstehung dieses Buches danken:

Dave Bellis, meinem Freund und Kollegen seit 29 Jahren, dass er mein Co-Autor war. Dave hat zwar den ersten Entwurf und noch viele weitere Entwürfe geschrieben und bearbeitet, so dass in Zusammenarbeit mit mir ein ganzes Projekt entstand, dennoch war es sein Wunsch, nicht namentlich auf der Titelseite zu erscheinen. Er wollte lieber auf diese Anerkennung verzichten, da er sich selbst nicht in der Rolle des Autors sieht. Dennoch war er mir eine große Hilfe in Bezug auf den Inhalt und die Botschaft dieses Buches. Er hat entscheidend dazu beigetragen, dass die Leser dieses Buch jetzt in dieser Form in Händen halten können.

Bob Hostetler, dass er den ersten Entwurf überarbeitet hat. Seine große Begabung und sein leidenschaftliches Anliegen für die Gemeinde sucht seinesgleichen.

Tom Williams dafür, dass er das Manuskript mit Klugheit, Stilgefühl und Herz durchgesehen hat. Die Zusammenarbeit von Tom und Dave hat geholfen, dieser hochwichtigen Botschaft Klarheit zu geben.

Eric Bolger, Mark Rapinchuk, Sean McDowell, Chris Sleath, David Hone, und Solomon Mekonnen dafür, dass sie uns mit ihrer Kritik am Manuskript weitergeholfen und uns Erkenntnisse, Korrekturen und wertvolle Beiträge geliefert haben.

Becky Bellis, dass sie in unermüdlichen Einsatz das Manuskript mit seinen vielen Entwürfen und Änderungen in den Computer getippt und es letztlich bewerkstelligt hat, alles in eine Struktur zu bringen.

Krissi Castor (*Green Key Books*), die exzellente Arbeit im Korrekturlesen leistet. Ihre Begabung, Kompetenz und ihr Augenmerk für das Detail, haben das Manuskript entscheidend verbessert.

Und zuletzt Lynnda Speer und Pete Castor (*Green Key Books*), die das Anliegen mitgetragen und sich für dieses Buch in den Buchläden, Gemeinden, und Familien im ganzen Land eingesetzt haben. Ihr seid wertvolle Partner geworden im Auftrag, diese Generation auszurüsten und zu stärken, wahre Nachfolger Jesu zu werden.

Kapitel 1
Die Bestandsaufnahme

»Ich bin mir bewusst, dass der Titel dieses Buches eine etwas schockierende Wirkung haben könnte. Jedoch wurde die Entscheidung, das Buch *Die letzte christliche Generation* zu nennen, nicht leichtfertig oder etwa aus reiner Sensationslust getroffen. Vielmehr bin ich der festen Überzeugung, dass *meine Leser* die letzte christliche Generation sein könnten, wenn nicht sofort etwas in Angriff genommen wird, um den geistlichen Zustand unserer jungen Leute zu verändern.«

Josh McDowell

Martha umarmte ihren Sohn an der Tür, als er zum Abschied seine Sachen zusammenpackte. »Wie schön, dass du mal wieder da warst«.

»Ja, es war schön«, bekräftigte auch sein Vater Michael und drückte ihn. »Ich vermisse die Wochenende mit der ganzen Familie und die gemeinsamen Gottesdienstbesuche. Aber du hast doch bestimmt mittlerweile in deiner Unistadt auch eine Gemeinde gefunden, oder?«

Greg zog sich seinen Rucksack an »Nee Papa, eigentlich nicht«, kam es zögernd. »Ich bin im ersten Semester und deshalb unglaublich unter Druck, ich hatte bis jetzt einfach noch keine Zeit.«

Sarah, Gregs 16-jährige Schwester, fragte ihn erstaunt, als sie ihm noch eine Tragetasche reichte: »Ist es wirklich so schwer zu studieren?«

»Es ist nicht wirklich schwer, aber man hat immer etwas zu tun«, antwortete ihr Bruder.

Sein Vater legte die Hand auf Gregs Schulter: »Wenn du keine Zeit für den Gottesdienst findest, dann hast du viel zu viel zu tun.«

»Außerdem«, meinte Greg, »eure Gemeindeform ist nichts mehr für mich, Papa. Ich habe ein paar christliche Freunde, und wir treffen uns einmal die Woche zur Kleingruppe. Das reicht mir.«

»Ich würde auch lieber etwas mit Freunden zusammen machen«, fügte Sarah hinzu, »Gemeinde ist langweilig.«

»Sarah«, kam es entsetzt über Marthas Lippen, »das ist ja grausam.«

»Aber es stimmt doch«, sagte Sarah.

»Sie hat Recht Mama«, antwortete Greg. »Gemeinde bringt mir nicht mehr viel.«

»Sag doch so was nicht«, stammelte sie und hielt ihn am Arm fest. »Die Uni bringt dich doch nicht etwa vom Glauben ab?«

»Nein Mutter«, grinste Greg. »Ich überdenke im Moment nur viele Dinge. Gott ist mir immer noch wichtig. Ich sehe nur einige Dinge etwas anders als ihr, das ist alles.«

»Ich muss jetzt los«, sagte Greg und balancierte das Gewicht seines Rucksacks auf dem Rücken aus.

Er ging langsam hinaus, und Sarah half ihm mit seinem Gepäck. Martha und Michael begleiteten ihren Sohn noch bis zur Gartentür und sahen ihm nach, wie er zu seinem Auto ging und seine Sachen verstaute.

»Wir beten für dich«, rief Michael ihm zum Abschied zu. »Vielen Dank, Papa«, antwortete Greg und lächelte. »Ich hoffe, wir verlieren unseren Sohn nicht«, meinte Martha.

»Und ich hoffe, dass wir nicht unseren Sohn *und* unsere Tochter verlieren«, pflichtete ihr Michael bei.

Haben unsere Kinder die Bedeutung des christlichen Glaubens wirklich verstanden?

Ein Thema, das immer wieder ins Gespräch gebracht wird, wenn ich mich mit Gemeindeleitern und christlichen Eltern austausche, ist die Sorge um ihre heranwachsenden Kinder und Jugendlichen. Während es einigen gelingt, diese Ängste in Worte zu fassen, fällt es anderen bereits schwer, überhaupt darüber zu reden. Die meisten geben jedoch zu, wie sehr es sie bedrückt, dass ihre Kinder, wenn sie aufgrund von Studium oder Beruf von zu Hause wegziehen, noch keine wesentliche geistliche Lebensveränderung erlebt habe. Und das, obwohl sie in gläubigen Familien aufgewachsen sind und ihre Kindheit und Jugend in der Gemeinde verbracht haben. Viele Eltern hoffen, nicht die letzte christliche Generation zu sein und dass ihre Kinder sich nicht vom biblischen Glauben entfernen.

Leider ist diese Befürchtung wahr geworden. Eine Umfrage aus den letzten Jahren in den USA ergab, dass eine christliche Gemeinde für ca. 55 bis 66% der Jugendlichen mit Gemeindehintergrund auch dann noch eine Rolle in ihrem Leben spielen wird, wenn sie auf eigenen Füßen stehen. Heute geht man nur noch von 33% aus.[1] Das Ergebnis bestätigt die Einschätzungen, die geistliche Leiter mir gegenüber geäußert haben. Die meisten gehen davon aus, dass zwischen 69 und 94% ihrer Jugendlichen die Heimatgemeinde nach dem Abitur verlassen und nur sehr wenige wieder zurückkehren.

Dabei ist es durchaus nicht der Fall, dass Gemeinden und christliche Familien nicht bemerken, dass sie Jugendliche zu verlieren drohen und dabei tatenlos zusehen. In den 70er und 80er Jahren des zurückliegenden Jahrhunderts meldeten viele christliche Eltern ihre Kinder von staatlichen Schulen ab, damit sie nicht ihren christlichen Glauben verlieren. Man hoffte, ihnen durch christlich geprägten Unterricht biblische Grundwerte vermitteln zu können. Als Folge davon gibt es heute in den USA über zwölftausend christliche Schulen. Aber hat sich dadurch die geistliche Situation der Jugendlichen zum Positiven verändert?

Das *Nehemiah Institute* in Lexington, Kentucky, bietet seit 19 Jahren christlichen Schulen an, den PEERS-Test (Politics, Economics, Education, Religion, Social issues) durchzuführen. Schüler werden zu fünf verschiedenen Themenbereichen befragt: Politik, Wirtschaft, Bildung, Religion und Sozialverhalten. Der Test ist so aufgebaut, dass man die Schüler anschließend zu einer der vier großen westlichen Weltanschauungen zuordnen kann: biblischer Theismus, christliches Volkskirchentum, Humanismus und Sozialismus.

Das *Nehemia Institut* hat mit diesem Test einen wertvollen Beitrag geleistet herauszufinden, welche Meinungen Jugendliche mit christlichem Hintergrund vertreten. Schon über 20.000 Schüler in über 1.000 Schulen wurden interviewt (vgl. www.NehemiahInstitute.com). Parallel dazu stellten christliche Eltern ihren Kindern, die eine öffentliche Schule besuchten, die Testfragen. Das Ergebnis ist nicht verwunderlich: 85% der US-Jugendlichen aus christlichen Elternhäusern, die eine öffentliche Schule besuchen, können sich nicht mit der christlichen Weltanschauung identifizieren. Doch wie sieht es mit den Schülern aus christlichen Schulen aus? Sie schneiden leicht besser ab, trotzdem teilen nur 6% von ihnen die biblischen Weltanschauungen.[2] Der Rest ist unentschieden. Es muss also das Fazit gezogen werden, dass wir den größten Teil unserer Jugendlichen an eine nicht-christliche Gesellschaft verloren haben.

Das wiederum aber heißt nicht, dass Jugendliche gegen Gott rebellieren würden. Im Gegenteil, sie sind in vielen Bereichen genauso als Hoffnungsträger anzusehen und ebenso geistlich engagiert wie jede andere Generation. Vielleicht sind sie sogar angefochtener denn je. Studien belegen, dass die Jugendlichen auf beeindruckende Prioritäten Wert legen:

- 65% Prozent sehnen sich nach einer engen Beziehung zu Gott.[3]
- 49% Prozent möchten die Welt verändern.[4]
- 79% Prozent finden es für ihre Zukunft wichtig, wahre Freundschaften zu schließen.[5]

Die heutige Jugend scheint also genauso an Gott interessiert zu sein und die gleiche Leidenschaft für den Glauben zu haben wie andere Generationen vor ihr. Gerade weil seit mehr als einem Jahrzehnt junge Leute unbestritten in Amerika das größte geistliche Interesse zeigen, stellt sich die fundamentale Frage: »Wie kommen ihre Ansichten über Gott zustande? Und welche Art Religiosität machen sie sich zu eigen?«

Sehr viele unserer Jugendlichen würden genau das antworten, was Greg zu Beginn des Kapitel sagte: »Gott ist mir immer noch wichtig. Ich sehe nur einige Dinge anders als ihr.«

Und was wird *anders* gesehen?:

- 63% glauben nicht mehr, dass Jesus der Sohn des einzig wahren Gottes ist.
- 58% glauben, dass alle Glaubensansichten gleich wahr sind.
- 51% glauben nicht, dass Jesus Christus von den Toten auferstanden ist.
- 65% glauben nicht, dass Satan wahrhaftig existiert.
- 68% glauben nicht, dass der Heilige Geist eine Person ist.[6]

Es wird deutlich, wie sehr sich unsere Kinder vom traditionellen Glauben abwenden, indem sie die »Dinge ein wenig anders als du und ich« glauben und sehen. Bei vielen ihrer Ansichten bezüglich Christentum, Wahrheit, Wirklichkeit und Gemeindeleben haben sie ganz einfach die verzerrte Sichtweise der Welt, in der sie leben, gehört und übernommen. Es ist nicht so, dass sie sich keine »Version« des Christseins hätten, sondern diese besitzt nicht das gesunde Fundament, das biblisches Christsein braucht.

Problematisch ist vor allem, dass verzerrte Glaubensansichten gewaltige Konsequenzen in der alltäglichen Lebensführung nach sich ziehen. Wenn wir mit der falschen Sicht an geistliche Wahrheiten herangehen, hat das auch Auswirkungen auf das Bild von Gott, von uns selbst und von anderen Menschen. Das hat zur Folge, dass früher oder später unser Glaube, wie falsch er auch sein mag, unser Denken und Handeln bestimmen wird.

Forschungen belegen, dass ein mangelndes biblisches Glaubensfundament sich negativ auf Verhalten auswirkt. Als Ergebnis bedeutet dies, dass

- 225% eher mit ihrem Leben unzufrieden sind,
- 216% eher zu Rachsucht neigen,
- 219% eher keinen Sinn im Leben sehen,
- 200% eher dazu neigen, vom Leben enttäuscht zu sein.[7]

Die Forschungsergebnisse zeigen auch, dass die fehlende Bereitschaft zu einem grundlegenden Glaubensfundament das Alltagsverhalten und die Ethik der jungen Leute beeinflusst.

- 48% sind eher dazu bereit, bei einer Prüfung abzuschreiben.
- 200% sind eher zu Diebstahl bereit.
- 200% greifen eher zu körperlicher Gewalt.
- 300% greifen eher verbotenen Drogen.
- 600% neigen eher zu Selbstmord.[8]

Die oben zitierte Studie verdeutlicht, dass sich Jugendliche zwei-, drei- oder sechsmal häufiger »unchristlich« verhalten, wenn ihr Leben nicht auf den biblisch fundamentalen Wahrheiten gegründet ist. Auch nachfolgende Studien belegen, wie sehr dies auf unsere heutige Situation zutrifft, wie etwa der Ethikbericht des *Josephson Institutes* mit dem Titel *Die Ethik amerikanischer Jugend*.

Der Studie (siehe das Diagramm auf der nächsten Seite) lässt sich entnehmen, dass der Unterschied im Verhalten von Jugendlichen, die sich zum christlichen Glauben bekennen und Jugendlichen, die keine Christen sind, maximal 4% beträgt.[9]

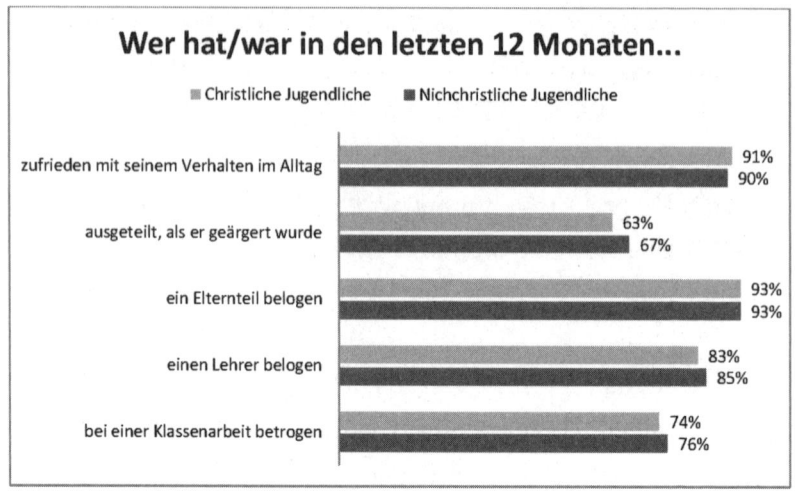

Wer hat/war in den letzten 12 Monaten...

■ Christliche Jugendliche   ■ Nichchristliche Jugendliche

zufrieden mit seinem Verhalten im Alltag	91%	90%
ausgeteilt, als er geärgert wurde	63%	67%
ein Elternteil belogen	93%	93%
einen Lehrer belogen	83%	85%
bei einer Klassenarbeit betrogen	74%	76%

Haben wir es nicht mit einem großen Problem zu tun? Studien belegen einerseits, dass die Mehrheit unserer Jugendlichen sich eine enge Beziehung zu Gott wünscht und vielleicht sogar offener geistlichen Dingen gegenüber ist als vorangegangene Generationen. Andererseits unterscheiden sich ihre Glaubensüberzeugungen vielfach deutlich von denen ihrer Eltern und Großeltern. Geht man bei einem echten Christen nicht davon aus, dass er glaubt, dass Jesus der Sohn des einzig wahren Gottes ist? Sollte er nicht der Meinung sein, dass Jesus leibhaftig von den Toten auferstanden ist? Sollte der Heilige Geist für ihn nicht eine wahrhaftige Person sein? Erwartet man bei wahren Christen, dass sie ihre Eltern und Lehrer belügen, bei Klassenarbeiten betrügen und Mitmenschen etwas wegnehmen? Den christlichen Glauben macht aus, dass die Kraft Jesu jemanden derart verändert, dass er christusgemäß handelt. Einen wahren Christen erkennt man daran, dass er »anders« ist und so denkt und lebt, wie sein Herr Jesus Christus es ihm vorgelebt hat.

Eine Studie von George Barna – einem christlichen Meinungsforscher – teilt Menschen, die wiedergeborene Christen sind und
sich zum christlichen Glauben bekennen, in zwei Kategorien ein:

1. Menschen, die an Jesus glauben, deren Leben aber keine
   Ähnlichkeit mit ihm widerspiegelt.
2. Menschen, die an Jesus glauben und die ein Leben führen, das
   ihm ähnelt.

Seine Forschung brachte zutage, dass 98% der jungen Leute, die
sich als wiedergeborene Christen bezeichnen, zwar »an Jesus
glauben«, aber in ihren Taten und Einstellungen im Alltag keine
Christusähnlichkeiten zeigen«.[10]

Was ist geschehen? Warum hat das Christsein bei vielen jungen
Leuten und sogar Erwachsenen kaum Auswirkungen auf ihr
Leben? Liegt es vielleicht daran, dass sie keine Gottesdienste oder
christliche Veranstaltungen besuchen, dass es nicht genug
Seminare und nicht genug Material und Hilfsmittel in Form von
Büchern, Schulungen oder Programmen gibt, um ihnen zu zeigen,
wie man als Christ lebt? Ich fürchte, der Meinungsforscher George
Barna trifft ins Schwarze mit seiner Behauptung:

»Nichts ist lähmender für eine Gemeinde, als sich in der Spur
unergründlicher Tiefen festzufahren. Die verschiedenen
kreativen Gegenmaßnahmen, die im letzten Jahrzehnt gestartet
wurden, haben viel Aufmerksamkeit auf sich gezogen, brachten
aber nur in sehr geringem Maß durchgreifende Veränderungen.
Denn obwohl viele Amerikaner eine Gemeinde besuchen, sind
nur wenige bereit, *Gemeinde zu sein.*«[11]

Im letzten Jahrzehnt hat es nicht an gutgemeinten Maßnahmen oder wirkungsvollen christlichen Events gemangelt. Wir sind regelrecht überschwemmt worden von Büchern, Kursen und Großereignissen. Sicherlich waren sie auch wertvoll für einige Menschen, da sie ihnen geholfen haben, sich durch Gottes Kraft verändern zu lassen. Trotzdem ist festzustellen, dass wir bei der heutigen Generation Jugendlicher mehr geistliche Substanz verlieren, als dass wir geistlich Boden gut machen können.

Was brauchen wir wirklich?

Der Apostel Paulus schreibt in der Bibel, dass ein Mensch durch die Begegnung mit dem wahren Gott völlig verändert wird und dass die Beziehung zu Gott aus ihm einen neuen Menschen macht: *»Daher, wenn jemand in Christus ist, so ist er eine neue Schöpfung. Das Alte ist vergangen. Neues ist geworden«* (2Kor 5,17).

Leider stellt sich heute eine ganz andere Realität dar, die aber nicht weniger berührt: Bei den meisten christlichen Jugendlichen können wir nichts von Gottes verändernder Kraft erkennen. Weder den gläubigen Familien noch den Gemeinden scheint es zu gelingen, sie zu einer Gottesbegegnung zu führen, die ihr Leben verändert.

Natürlich gibt es Ausnahmen. Viele junge Leute sind hungrig nach echtem geistlichem Leben. Aber trotzdem scheinen sehr viele nicht begriffen zu haben, wer der wahre Gott und was die Bedeutung des Christentums ist.

»Halt, McDowell«, entgegen jetzt einige. »Wir verkündigen ihnen immer noch das gleiche Evangelium. Jesus ist heute immer noch genauso wichtig für die Menschen, wie er es früher war.

Wenn sie Jesus Christus nicht erleben, dann ist das nicht unser Problem.«

Es ist nicht die Absicht dieses Buches, jemanden zu beschuldigen oder zu bestimmen, der für die Entwicklungen verantwortlich ist, die bei christlichen jungen Leuten passieren oder nicht passieren. Es geht mir nicht darum, dass sich jemand wegen des geistlichen und moralischen Zustandes unserer Heranwachsenden schuldig fühlt. Aber es liegt nun mal auf der Hand, dass sich christliche junge Leute in alarmierenden Zahlen von der Gemeinde abwenden. Was immer und wer immer auch der Grund dafür sein mag, wir sind uns einig, dass wir alles in unserer Macht stehende tun wollen, damit unsere Generation nicht die letzte christliche Generation ist.

In diesem Buch wollen wir uns unter anderem damit beschäftigen, welche Ansichten der Gesellschaft das Denken von christlichen Jugendlichen hinsichtlich Christentum, Wahrheit, Realität und Gemeinde beeinflussen. Das ist nämlich ein Grund dafür, warum unsere Kinder Gott mit verzerrtem Blick sehen. In den Gemeinden und Familien wird ihnen zwar die Wahrheit über Jesus Christus erzählt, aber sie interpretieren diese Wahrheit mit Hilfe dieser verzerrten, von der Gesellschaft übernommenen Sichtweise. Wenn uns nicht bewusst wird, wie das Evangelium in den Köpfen unserer Kinder verstanden wird, können wir nicht auf sie eingehen. Sie werden den wahren Gott, der Lebensveränderung schenkt, nie verstehen oder erfahren.

In den folgenden Kapiteln versuchen wir, diese verzerrten Glaubenssichtweisen der Jugendlichen herauszufinden. Wir wollen uns darüber hinaus fragen, wie man ihr falsches Gottesbild korrigieren kann, so dass diese Generation wieder auf die richtigen

Grundsteine des christlichen Glaubens setzt und durch Gottes Gnade eine neue Generation wahrer Christen heranwächst. Dabei wollen wir Formulierungen wie »im Glauben gründen« nicht leichtfertig gebrauchen. Der Einwand stimmt, dass man keinen neuen Grund legen muss, weil *»Christus selbst der Eckstein ist«* (Eph 2,20). Und man muss Jesus nicht modernisieren, um ihn zeitgemäß zu machen – er ist genauso wichtig, wie er immer war. Aber es ist nicht abzustreiten, dass viele der Gemeindejugendlichen keinen Kontakt zu geistlichen Mentoren haben, die ihnen in ihrer Christusähnlichkeit ein Vorbild sind. Darum bauen diese Jugendlichen ihren Glauben und ihr Leben auf einer falschen Basis auf – mit einer verzerrten Sichtweise über Jesus, warum er auf diese Erde kam und was die Bibel oder die Wahrheit wirklich ist. Dadurch erhalten sie ein völlig falsches Bild von der eigentlichen Absicht und dem Kern des Christseins. Sie lesen zwar die gleiche Bibel, reden von einer persönlichen Beziehung zu Gott und behaupten, dass biblische Wahrheiten für ihr Leben von Bedeutung sind. Aber ihre Überzeugungen und ihr Verhalten stimmen nicht mit dem biblischen Bild der Nachfolge Jesu überein. Es ist deshalb unsere Aufgabe, ihnen zu helfen, ihren Glauben neu zu verankern und Beziehungen zu geistlichen Mentoren aufzubauen, in deren Leben Jesus die Grundlage ist.

Vor einiger Zeit berichtete ein Jugendmitarbeiter über sein Ringen mit dieser Problematik:

»Ein Jahr lang habe ich jede Woche in der Jugendstunde versucht, den Jugendlichen etwas weiterzugeben, und ich bin zum folgenden Schluss gekommen: Wir gebrauchen die gleichen Vokabeln wie sie, aber sie verstehen darunter etwas völlig anderes. Begriffe wie Wahrheit, Toleranz, Achtung, Akzeptanz, moralische Verantwortung, Sünde, Heiliger Geist, Teufel, Erlösung haben bei den Jugendlichen eine völlig andere Bedeutung als bei mir. Mir war nicht bewusst, dass wir von zwei verschiedenen Ansatzpunkten diese Begriffe verstehen. Daher bin ich überzeugt: Wenn ich meine Jugendlichen nicht dazu bringen kann, diese grundlegenden christlichen Begriffe noch einmal zu überdenken, kann ich gar nichts bei ihnen ausrichten.«

Was dieser Jugendleiter ausdrückt, erlebt eine Familie oder eine Gemeinde tagtäglich. Genauso wie er sind sich viele gar nicht bewusst, wie unterschiedlich ihre Kinder diese Begriffe definieren und welche falschen Konzepte sie aufgrund dessen übernommen haben. In der umseitigen Tabelle erklären wir einige Begriffe, mit denen die heranwachsende Generation etwas anderes verbindet als wir es tun.

Diese Bedeutungsunterschiede sind charakteristisch für ein tieferliegendes Problem. Sehr viele christliche Jugendliche haben die Ansprüche Jesu nicht begriffen und nicht verstanden, was es bedeutet, ein wahrer Nachfolger von ihm zu werden. Wenn wir mit dieser Generation geistlich irgendeinen Schritt vorankommen wollen, müssen wir ihre falschen Konzepte korrigieren. Das ist meines Erachtens eine Voraussetzung, um einen geistlichen Aufbruch unter ihnen erleben zu können.

Begriff	Unser Verständnis (Erwachsenenkultur)	Postmodernes Verständnis (Jugendkultur)
Toleranz	Andere Menschen akzeptieren, ohne dass man ihre Meinung übernimmt oder ihren Lebensstil teilt	Alle Ansichten, Werte, Lebensstile und Wahrheitsansprüche anderer Menschen sind gleichwertig
Achtung	Andere Ansichten und Lebensstile wertschätzen, ohne mit ihnen übereinstimmen zu müssen	Bejahung anderer Ansichten und Lebensstile
Akzeptanz	Menschen annehmen, wie sie sind, aber nicht unbedingt das, was sie sagen und tun	Andere Menschen aufgrund ihrer Ansichten und Lebensstile bewundern und bestärken
Moralische Verantwortung	Bestimmte Dinge sind moralisch richtig und falsch, weil Gott das festgelegt hat	Kein Recht, einen anderen Menschen aufgrund seines Verhaltens zu verurteilen
Persönliche Vorlieben	Vorliebe für Farben, Essen, Kleidungsstil, Hobbies etc. sind persönlicher Geschmack	Vorliebe für Sexualverhalten, Wertmaßstäbe und Ansichten sind persönlicher Geschmack
Persönliche Rechte	Aufgrund der Verfassung sollte jeder gerecht behandelt werden	Jeder hat das Recht zu tun, was er für sich als richtig empfindet
Freiheit	Die Freiheit haben, das zu tun, was richtig ist	In der Lage sein, das zu tun, was man möchte
Wahrheit	Absoluter Maßstab, was richtig oder falsch ist	Was immer dir persönlich als richtig erscheint

Denken sie jetzt einmal an ihren Sohn, ihre Tochter oder an eine Gruppe junger Menschen, die ihnen am Herzen liegt. Stellen sie sich die gleichen Personen 12 oder 15 Jahre weiter oder mit Ende zwanzig vor. Stellen sie sich vor, dass sie in völliger Abhängigkeit von Jesus leben und Gott von ganzem Herzen, ganzem Verstand und mit ganzer Kraft lieben: Sie sind als Persönlichkeiten gefestigt und kennen ihre Stärken und Schwächen. Deshalb schätzt man sie sehr.

Sie leben zielorientiert, wissen um Sinn und Zweck ihres Lebens. Ihr Lebensziel ist es, Gott zu verherrlichen und zu ehren, indem sie treue Ehemänner und Ehefrauen sind. Sie sind liebevolle Väter oder Mütter, treue Gemeindeglieder und engagierte Staatsbürger. Sie reden nicht nur davon, wie die Kultur sich verändern muss, sondern tragen aktiv zu dieser Veränderung bei. Ihre Nachbarn schätzten sie, weil sie ein fürsorgliches, barmherziges Herz haben, das Menschen Trost bringt. Sie kümmern sich um andere und verschließen vor deren Not ihre Augen nicht.

Solche jungen Leute verfügen über eine Perspektive hinsichtlich Leben und Sterben, bei der nicht in erster Linie angestrebt wird, möglichst viel Geld zu verdienen oder sich selbst und der Familie viel Freizeit und Vergnügen bieten zu können. Es werden finanzielle Opfer gebracht, und es wird Einsatz gezeigt. Ihre Augen sind nicht primär auf das irdische, sondern eher auf das himmlische Reich fokussiert. Ihre Richtung ist letztlich der Himmel, und sie möchten, dass viele Menschen mit ihnen diesen Weg gehen.

Für diese tiefgläubigen Männer und Frauen ist Christentum weit mehr als ein Lehrgebäude, das man ihnen irgendwann einmal vermittelt hat oder das sie im Kopf bejahen – sie leben es vielmehr tagtäglich aus. Darüber hinaus geben sie diese Lebensform an ihre Kinder weiter.

Wünschen wir uns eine solche Zukunft für unseren Gemeinde-nachwuchs? Hört sich das zu schön an, um überhaupt wahr zu sein – eine Hoffnung oder ein Traum, der jeder realistischen Erwartung widerspricht? Ich glaube schon, dass dies umsetzbar sein kann, wenn wir gemeinsam als Gemeinde alles daran setzen, die Ursachen der verzerrten Sichtweisen des Glaubens bei jungen Leute zu erkennen und ihre fehlerhafte Glaubensüberzeugung auf einem festen Fundament neu aufzubauen. Wenn wir das nicht in Angriff nehmen, besteht jedoch die Gefahr, dass wir wirklich die letzte christliche Generation sind.

Das Buch möchte aber auch zeigen, dass es immer noch Hoffnung gibt – es geht um das Wiederaufbauen der zerfallenen Fundamente echten Glaubens, um eine neue Generation von Nachfolgern Jesu heranzuführen, die den Beschreibungen oben ähnelt. Dabei geht es nicht darum, für jeden einzelnen Schritt eine detaillierte Anleitung zu liefern. Vielmehr geht es darum, einen Abriss zu geben, so dass ein klares Bild entsteht, was notwendig ist:

- **Begreifen der falschen Sichtweisen, die sich jungen Leute zu eigen gemacht haben:**
Wenn wir das Ausmaß verstanden haben, wie sehr unsere Kinder das Christentum, Wahrheit, Realität und Gemeinde missverstehen, begreifen wir immer deutlicher, warum und wie wir sie zur wahren Nachfolge Jesu anleiten müssen.

- **Gott jungen Leuten wieder so nahebringen, wie er wirklich ist:**
Unsere Kinder sehen Gott nicht mehr so, wie er wirklich ist. Sie sollen den wahren Gott als eine liebevolle Person erkennen, die mit uns in Beziehung treten will. Gott kam auf diese Erde, um sie

wieder zurückzugewinnen und alles wieder in den Zustand zubringen, der einst beabsichtigt war.

- **Ihnen zeigen, wie sie mit einem geistlichen Reifeprozess darauf antworten können:**
Wahrer Nachfolger zu sein, bedeutet, Jesus immer ähnlicher zu werden. Es bedeutet, dass Jugendliche grundlegende Schritte tun und ihr ganzes Leben danach ausrichten. Sieben solcher Basics, die Bestandteil eines gesunden geistlichen Reifeprozesses werden müssen, werde ich anführen.

Während eines großen Teils meines Dienstes habe ich mich mit Jugendkultur befasst. Es ging um das Erforschen ihres Denkens und ihrer wichtigsten Prioritäten sowie um das Erstellen von Material als Erziehungshilfe für christliche Familien. Dabei leben meine Mitarbeiter und auch ich nicht in einem Vakuum. Bei unseren Veröffentlichungen arbeiten wir ganz eng mit denen zusammen, die direkt mit Jugendlichen arbeiten. Bei jedem Jugendthema, das wir in den etwas 30 vergangenen Jahren angegangen sind, setzen wir uns zuerst mit gemeindlichen Jugendleitern oder mit Mitarbeitern aus dem Bereich der übergemeindlichen Jugendarbeit zusammen. Wir wollten von ihnen wissen, welche Probleme gerade aktuell sind und auf welchem Gebiet sie am meisten Hilfe brauchen. Zwei Anliegen wurden genannt: Zum einen müssen sie angeleitet werden zu erkennen, was in ihrem Umfeld notwendig ist, und dann brauchen sie Hilfen zur Problemlösung. Zum Zweiten wünschen sie sich wirkungsvolle »Live-« Events und Seminare vor Ort mit Themen, die Jugendliche wie auch deren Eltern maßgeblich bewegen.

Dieser Austausch und die Zusammenarbeit mit Mitarbeitern, die viel Erfahrung in der Eltern- wie auch in der Jugendarbeit haben, bedeuten gleichzeitig Anregung für uns, Bewährtes aus ihren Arbeitsmodellen zu übernehmen. Nach Abschluss einer Studie im Bereich Jugendarbeit schließt sich jeweils ein Praxistest an. Wir testen unser Material in etwa 25 Jugendgruppen aus, bevor wir es veröffentlichen. Das ist deshalb von Bedeutung, damit wir mit unseren Vorschlägen selbst den kleinsten Jugendgruppen helfen können.

In diesem Buch sind wir mit der gleichen Weise vorgegangen. Die hier angesprochenen Probleme stammen aus Gesprächen mit Gemeindeleitern und ihren Jugendlichen und sind das Ergebnis ausgiebiger Forschung. Der biblisch begründete Vorschlag, den wir hier anbieten möchten, stammt aus drei Jahren intensiver Zusammenarbeit mit Ortsgemeinden, Gemeindeleitern und Mitarbeitern der übergemeindlichen Jugendarbeit. Er enthält aber auch die Erfahrung aus anderen bewährten Arbeitsmodellen mit Jugendlichen.

Unser Wunsch ist daher, wie ein Katalysator zu arbeiten und Familien wie Gemeinden bewährte und erprobte Inhalte zu liefern. Es ist unser Gebet, dass alles, was wir hier zu Wort bringen und vorschlagen dazu hilft, dass unsere jungen Leute zu einer direkten Begegnung mit dem einzig wahren Gott kommen – einem Gott, der eine enge Beziehung zu ihnen pflegen möchte. Dadurch sollen sie zu unbescholtenen und reinen Kindern Gottes inmitten eines verdrehten und verkehrten Geschlechts werden, unter dem sie dann leuchten wie Himmelslichter in der Welt (Phil 2,15).

Agieren oder reagieren?

Blickt man in die Vergangenheit, so haben christliche Bewegungen und Aktionen auf kulturelle Entwicklungen reagiert, die der sozialen und geistlichen Entwicklung der Jugendlichen abträglich sind. Sie haben die Einstellung der Gemeinde zu vielen Ansichten und Fragen geprägt – einschließlich der Frage, wie die Grundsätze des wahren Christentums lauten. Oftmals waren sie eine Antwort und manchmal sogar eine Reaktion auf kulturelle Veränderungen. Reagieren wir aber auf problematische Entwicklungen, besteht immer die Gefahr, dass wir zu sehr in eine Richtung tendieren.

Mit dem Beginn des 21. Jahrhunderts scheint es, als ob die einstigen Grundpfeiler des christlichen Glaubens von der Mehrheit der christlichen jungen Leuten kaum noch wertgeschätzt werden: der Glaube an den Sohn Gottes, Jesus Christus, Wahrheit/Zuverlässigkeit der Bibel, und die leibliche Auferstehung Jesu. Diese drei Grundpfeiler des christlichen Glaubens bleiben jedoch trotzdem zentral, entscheidend und unverzichtbar - egal welche Wege wir auch immer finden, um den Jugendlichen das Evangelium zu erklären. Entscheidend ist, dass sie unter anderem um die historischen Tatsachen christlichen Glauben wissen, da sie ungemein relevant für den Alltag eines Christen und seine Beziehungen zu anderen Menschen sind. Natürlich ist es wichtig, dass wir uns in unserer Wortwahl anpassen, wenn wir uns in der heutigen Welt bewegen und den Glauben kommunizieren wollen. Aber wir dürfen auf keinen Fall von den wichtigen Grundpfeilern unseres Glaubens abweichen, die tragend für unseren Glauben sind. Unser Glaube ist keine persönliche »Religion«, die wir uns ausgesucht haben, sondern ein ganzes Gerüst bildet unsere Glaubensüberzeugung.

Ich selbst habe viele Jahre damit verbracht, den christlichen Glauben zu beweisen, weil ich meinte, so das Vertrauen eines Christen in Gott und sein Wort stärken zu können. Aber ich war ziemlich schockiert, als ich erfuhr, dass manche Gemeindejugendliche überhaupt gar keinen Sinn darin sahen, die Gottheit Jesu, seine Auferstehung oder die Zuverlässigkeit der Heiligen Schrift für sich zu entdecken. Das war der Anstoß, um zusammen mit anderen geistlichen Leitern neu darüber nachzudenken, wie wir den christlichen Glauben dieser Generation von Grund auf nahebringen können. Manchem Leser mag die Herangehensweise sehr radikal erscheinen, und das ist sie wahrscheinlich auch. Doch letztlich geht es um einen Ruf zur Neuausrichtung, keinesfalls um eine neue Theologie. Die Grundlage ist die gesunde biblische Lehre.

Uns ist es wichtig, dass eine christuszentrierte, auf Gott ausgerichtete Botschaft wieder in den Mittelpunkt kommt. Die Botschaft muss einerseits biblisch fundiert und andererseits für die heutige Jugend relevant sein. Es geht dabei nicht darum, zum wiederholten Mal den christlichen Glauben mit Beweisen zu begründen oder um kognitives, intellektuelles Herantasten an das Christentum. Auch wollen wir nicht vorrangig für eine emotionale, warme und lebendige Herzensbotschaft in der Verkündigung des christlichen Glaubens werben. Jegliche Reaktion, die zu dem einen oder anderen Extrem führt, kann Dinge mehr falsch als richtig machen.

Vielmehr möchten wir zu einer geistlichen Revolution aufrufen. Es geht um ein leidenschaftliches Ja zum christlichen Glauben in seiner Ganzheit – zu einer pulsierenden Beziehung mit der wahren und lebendigen Person Jesus Christus, den es mit ganzem Herzen und Verstand, mit ganzer Seele und Kraft umzusetzen gilt.

Wenn wir als Gemeinden und Familien weiter nur unsere Pflicht tun, wird sich tiefgreifend nichts ändern. Ich höre immer wieder den Wunsch, der Gemeindebesuch sollte allgemein besser sein oder auch die Predigten. Dieser Lösungsweg erinnert mich immer an den Vorschlag eines Vertriebsleiters auf die Auskunft des Buchhalters, dass das Unternehmen bei jedem Kauf zehn Dollar Verlust macht. »Dann verdoppeln wir eben einfach den Verkauf«, sagte er. Etwas mehr zu tun als bisher, wird diese Generation nicht weiterbringen; und das ist auch nicht Absicht dieses Buches.

Vielmehr geht es um einen Aufruf, die Fehlmeinungen über Christsein zu korrigieren, die unter den jungen Leuten existieren – und dies ohne Panikmache oder emotionalen Druck. So sind wir zum Beispiel als Organisation von verschiedenen Gemeinderichtungen gebeten worden, eine Art von christlichem Katechismus zu erstellen, den Gemeinden und Familien dann als Lehrmittel nutzen können. Aber es kam auch die Forderung, dass man nicht noch ein weiteres Programm auflegt. Denn einfach theoretischen Vorschlägen zu folgen, bringt nicht viel. Vielmehr geht es um die Umsetzung von Jüngerschaft im Alltag. In dieser Hinsicht ist das »Programm«, um das es uns auf diesen Seiten geht, eher ein Prozess – eine Möglichkeit, den Gott kennenzulernen, der er wirklich ist und seinem Reden zu antworten, indem wir seinem Willen im Alltag gehorchen. Es geht darum, zu ermuntern, jungen Menschen zu helfen, ein wahrer Jünger Jesu werden und mit ihrem Herrn in ihrer individuellen Alltagswelt zu leben.

Sich von Programmen um der Programme willen zu verabschieden und das Prozessmodell zu übernehmen, kann für einige eine echte Herausforderung bedeuten. Es gilt ein Stück weit, die penibel strukturierte Gemeindeform hinter sich lassen, an der sehr viele hängen. Lange ging es nämlich vor allem darum, große Events mit großer Zuhörerschaft zu organisieren. Mit diesem Buch möchten wir zur *missionalen Gemeindeform* ermutigen, bei der Menschen durch einen Prozess der Begleitung Unterstützung finden, wie sie Christus immer ähnlicher werden können. Dieses Buch möchte versuchen, einen klaren, dringlichen, aber ausgewogenen Entwurf dafür zu bieten, der vielleicht bisherige Konzepte hinterfragt und neue Wege sucht, wie wir unseren Gemeindekindern und Jugendlichen am besten dienen können.

Mein Gebet ist daher, dass Sie auf den folgenden Seiten eine biblisch fundierte, kulturell relevante Anleitung finden, die Ihnen vor Ort in Ihrem Dienst nutzt; damit Sie persönlich etwas dazu beitragen können, nicht zur letzten christlichen Generation zu gehören.

Teil 1
Verzerrte Sichtweisen, die diese Generation prägen

Kapitel 2
Die verzerrte Sicht vom Christsein bei christlichen Jugendlichen

»Machs gut, Endira«, rief Melanie ihrer Freundin nach, als diese zu ihrem Auto ging. Dann folgte Melanie ihrer Mutter, die gerade das Essen vorbereitete, in die Küche.

»Endira scheint ein sehr nettes Mädchen zu sein«, sagte Melanies Mutter. »Sie ist gut erzogen und höflich. Ich frage mich nur, was es mit ihrem kleinen schwarzen Punkt auf der Stirn auf sich hat. Ist das nicht ein religiöses Zeichen?«

»Ja«, antwortete Melanie. »Sie ist Hindu. Ihre Familie kommt aus Indien.«

»Das ist eine großartige Chance für dich«, meinte ihre Mutter. »Wenn ihr gut miteinander befreundet seid, kannst du ein Zeugnis als Christ sein.«

»Das glaube ich nicht, Mama.«

»Was willst du damit sagen, du glaubt es nicht? So viel Zeit, wie du mit Endira verbringst, wirst du ihr doch sagen, dass du Christ bist.«

»Genau das ist das Problem«, entgegnete Melanie, als sie sich an den Tisch setzte. »Endira glaubt, dass ihre Religion für sie die richtige ist, und ich brauche ihr deshalb nicht etwas anderes zu erzählen. Mal ehrlich, wer kann schon wirklich behaupten, dass er Recht hat?«

Wie kommt es, dass eine große Mehrheit der christlichen US-Teenager (65%) der Ansicht ist, man könnte nicht bestimmen, welche Religion die Wahrheit sagt?[1] Begründet werden kann diese Einstellung damit, dass die Teenager in diesem Punkt vom gängigen Denken beeinflusst worden sind und folglich glauben, das Christentum sage nicht mehr ausschließlich die Wahrheit. In ihren Köpfen herrscht die Meinung, dass niemand das Recht habe zu behaupten, eine Religion sei besser als die andere. Sie haben die Meinung der Gesellschaft angenommen, dass jede Glaubensvorstellung ebenbürtig sei. Vor Kurzem stellten *Newsweek* und *Beliefet* 1.004 Amerikanern folgende Frage: »Glauben Sie, dass ein hilfsbereiter, netter Mensch, der nicht die gleichen Glaubensvorstellungen wie Sie teilt, trotzdem errettet werden und in den Himmel kommen kann?« 68% aus konservativ bibeltreuen Gemeinden in den USA bejahten dies. Dahinter verbirgt sich die Denkweise: »Es ist intolerant und wertend zu behaupten, dass eine Person Recht hat, während jeder, der diese Glaubensvorstellungen nicht teilt, im Irrtum ist.« Aus diesem Grund glauben 68% der christlichen Teenager nicht, dass Jesus der Sohn des einzig wahren Gottes ist.[2] Diese Sichtweise scheint ihnen zu ausschließend und intolerant. Sie glauben zwar, dass Jesus *ein* Sohn Gottes ist, vermeiden aber das Bekenntnis zu seiner Einzigartigkeit als Sohn Gottes.

Es ist schwer, Argumente gegen diese Sichtweise zu finden, wenn jemandem beigebracht wurde, den christlichen Glauben vor allem als Lehrgebäude zu betrachten. Würde das Christentum einzig und allein auf ethischen Lehren oder theologischen Konzepten basieren, wäre es lediglich eine Religion unter vielen anderen, an die man glauben könnte. Sicherlich kann man einwenden, dass die Lehren des Christentums besser sind als die anderer Religionen. Aber das würde wieder in einer Grundsatzdiskussion über die Überlegenheit der einzelnen Inhalte enden.

Christsein ist aber nicht bloß eine Religion und basiert nicht einfach nur auf verschiedenen Lehrkonzepten. Vielmehr ist es im Leben, Charakter und Wesen einer Person gegründet: Jesus Christus. Jesus kam nicht auf die Erde, um nur das Christentum zu lehren. Er ist das Christentum. Deshalb ist der christliche Glaube einzigartig, denn es geht um eine persönliche Beziehung zu dem Gott, der jeden Menschen persönlich geschaffen hat. Die meisten Religionen auf dieser Welt basieren auf philosophischen Theorien oder theologischen Ideologien. Nimmt man den Propheten oder Guru weg, auf dem alles basiert, bleibt eine im Wesentlichen stabile Religion übrig, da diese Religionen auf Theorien beruhen und sich nicht an ihrem Lehrmeister festmachen.

Das Christentum spricht dem entgegen. Obwohl der christliche Glaube auf bestimmten Glaubensgrundsätzen aufbaut und wir der Bibel eine Glaubenslehre entnehmen können, ist die entscheidende Grundlage das Leben, Wirken, und die Person ihres Gründers – Jesus Christus. Das verändert die Diskussion auf entscheidende Weise. Anstatt die Lehren der einzelnen Religionen miteinander zu vergleichen, lautet die Schlüsselfrage des Christentums: Wie steht ein Mensch zu Jesus Christus? Der biblische Glauben verliert nämlich seine Bedeutung, sobald man Jesus Christus und das Christentum trennt. Der Apostel Paulus erklärte: Wenn Jesus nicht derjenige ist, der er beansprucht zu sein, und wenn er nicht vom Tod auferstanden ist, ist *»unser Predigt sinnlos, und euer Glaube ist ohne Inhalt«* (1Kor 15,14 NeÜ).

Das ist der Grund, warum Jesus sich selbst zum Zentrum des Christentums gemacht hat. Er sagte einmal zu den Pharisäern: *»Weil ihr nicht an mich als den glaubt, der ich bin, werdet ihr in eurer Sünde sterben«* (Joh 8,24). Der Apostel Johannes stellte fest: *»In ihm war Leben, und das Leben war das Licht der Menschen«* (Joh 1,4). Obwohl Jesu Lehren wichtig sind, sind sie letztlich Mittel zum Zweck: damit wir ihn kennenlernen und wissen, wie wir mit ihm in Verbindung treten können.

Jesu Gebet zu seinem Vater unterstreicht den Grundgedanken des Christentums: *»Dies aber ist das ewige Leben, dass sie dich, den allein wahren Gott und den du gesandt hast, Jesus Christus, erkennen«* (Joh 17,3). Der Kern des christlichen Glaubens ist, Gott durch Christus kennenzulernen – eine persönliche Vater-Kind-Beziehung mit ihm zu führen. Alle, wir und unsere Kinder, sind aufgrund der Sünde von Gott getrennt geboren worden. Dennoch hat Gott außergewöhnliche Wege beschritten, um uns von der Sünde zu befreien, damit diese Vater-Kind-Beziehung mit ihm möglich ist.

Ich erinnere mich an die Worte eines jungen Mannes, nachdem dieser verstanden hatte, dass Christus selbst der Mittelpunkt des Christseins ist und wie wir ihm ähnlicher werden können:

»In meinen Gesprächen ging es meist darum, ob Thesen mit der Bibel übereinstimmen oder nicht. In der Regel endeten wir in der Grundsatzdiskussion über die Wahrheit. Jetzt weise ich immer auf Jesus als Person hin, weil er definiert hat, was die

Wahrheit ist. Die Diskussion dreht sich dann um Aussagen Jesu zu seiner eigenen Person und unsere Notwendigkeit, ihn kennenzulernen.«

Der junge Mann hatte verstanden, um was es wirklich geht. Die Lehren der Bibel sind nicht wahr, weil etwa die theologischen Konzepte bedeutender wären als die anderer Religionen. Sie sind vielmehr wahr, weil sie von Jesus, dem wahren Lehrmeister, kommen.

Im christlichen Glauben geht es nicht darum, dass Jesus Christus auf die Erde kam, um nach an Ansicht von 64% der US-Jugendlichen schlechten Menschen zu zeigen, wie sie ein besseres Leben führen können.[3] Vielmehr kam Jesus Christus auf die Erde, um Menschen, die in Gottes Augen tot waren, die Möglichkeit auf ein neues Leben zu geben, in dem sie eine Beziehung mit ihm führen. Der Herr verdeutlichte Saulus (später Paulus) auf der Straße nach Damaskus mit aller Macht, dass es vor allem darauf ankommt, wie wir zu Jesus persönlich stehen. Später führt Paulus noch weiter aus, was der Herr zu ihm sagte, nämlich dass er einmal der Welt das Evangelium verkündigen würde: »*Ihre Augen aufzutun, dass sie sich bekehren von der Finsternis zum Licht und von der Macht des Satans zu Gott. Damit werden sie Vergebung der Sünden empfangen und ein Erbe unter denen, die durch den Glauben an mich geheiligt werden*« (Apg 26,18).

Wie können wir heilig werden, und wie werden wir von Gott angenommen? Die Mehrheit der christlichen Jugendlichen glaubt, dass dies davon abhängt, ob jemand »genug gute Taten für andere Menschen in seinem Leben getan hat«.[4] Kennzeichen des Christentums ist für sie, dass man sich seine ewige Stellung bei Gott verdient. Doch Jesus ließ keinen Zweifel daran, dass Vergebung der Sünde absolut notwendig ist, um in Beziehung mit Gott zu treten und ein Kind Gottes zu werden, das »durch den Glauben geheiligt wird«. Wenn wir es nicht schaffen, Jesus in den Mittelpunkt zu rücken, damit Menschen wieder in eine Beziehung mit Gott treten können, verliert die Person Jesus Christus und was er für uns getan hat, in den Köpfen der Jugendlichen an Bedeutung. Wenn Jesus Christus nicht als die zentrale Mitte unseres Glaubens deutlich wird, ist das Christentum nur eine Lehre neben vielen anderen religiösen Wahrheiten. Es führt dazu, dass christliche Jugendliche den Satan als Gegenspieler und Erzfeind Gottes ignorieren (65% der christlichen US- Jugendlichen glauben nicht, dass Satan real ist). Es erklärt auch, warum die Mehrheit der US-Jugendlichen (68%) den Heiligen Geist nicht als die verändernde Kraft Gottes betrachten, der uns befähigt, ein Leben als Christ zu führen. Er wird nur als ein Einfluss gesehen, der Gutes bewirkt. Wenn es uns aber nicht gelingt, Jesus und unsere Beziehung zu ihm als den Kernpunkt des christlichen Glaubens zu betonen, bröckelt die gesamte Grundlage des Christentums.

Wie konnte es so weit kommen? Wie kann eine Generation, die in einer christlichen Gemeinde aufgewachsen ist und aus christlichen Elternhäusern stammt, den Kern des Christentums nicht begreifen? Wir müssen einsehen, dass die Mehrheit der christlichen Jugendlichen den wahren Glauben nicht ausreichend gelehrt bekommen hat. Sie hat stattdessen die Meinung der Gesellschaft übernommen, dass alle religiösen Glaubensansichten gleichbedeutend sind.

Die Folgen einer verzerrten Sichtweise des christlichen Glaubens

Obwohl viele junge Menschen ein verzerrtes Bild vom christlichen Glauben haben und das auch weitreichende Folgen hat, lehnen Jesus sie dennoch nicht grundsätzlich ab. Keineswegs! Manche Jugendliche glauben zwar, dass Jesus ihr Weg zu Gott ist. Sie meinen aber, man müsse seinen Geboten folgen und hier genug Gutes tun, um in den Himmel zu kommen. Ihr Leben ist im Grunde genommen ein Abspulen von frommen Verhaltensweisen. Dabei versprechen sie sich, durch gutes Verhalten von Gott akzeptiert zu werden. Die Gesellschaft bestätigt dieses Denken in der Schule, im Sport, mit Freunden, und sogar zu Hause. Viele beten auch ein »Bußgebet« um Vergebung ihrer Sünde: »Gott, vergib mir all das Böse, was ich getan habe, und ich verspreche dir, dass ich mich bessern werde. Ich möchte es wirklich. Amen.«

Obwohl die christlichen Jugendlichen es selbst vielleicht nicht so ausdrücken, haben sie folgende Erlösungsformel verinnerlicht: »Wenn ich mich entsprechend verhalte, geschieht geistliche Veränderung in meinen Leben.« Wen wundert es, dass die Mehrheit der Jugendlichen, die sich zu Jesus bekennen, gravierende geistliche Probleme hat. Wir werden nämlich nicht durch gute Taten verändert. Natürlich können wir versuchen, durch unsere eigene Kraft ein besseres Leben zu führen, aber das führt nicht zu der Veränderung, die Gott sich wünscht. Wir erleben erst, dass Gott als Erlöser in unser Leben eingreift und unser Gebet erhört, wenn wir uns im Glauben aufrichtig an ihn im Gebet wenden und rufen:

»Ich möchte dich kennenlernen, Herr, aber ich bin hoffnungslos in Sünde verstrickt und brauche deine Vergebung. Ich richte mein Vertrauen auf das Opfer deines Sohnes Jesus Christus, der meine Sünden an sein Kreuz genagelt hat. Vergib mir; und verändere mein inneres Wesen vollkommen, dass aus mir sündigem Menschen ein neuer Mensch wird, der mit dir in einer Beziehung lebt.«

Wenn die christlichen Jugendlichen diese Wahrheit begriffen und angenommen haben, werden sie erleben, wie Gott handelt und in seiner Kraft das Gebet erhört. Wir verdienen es nicht, dass Gott uns neues Leben schenkt. Wir können die Erlösung nicht kaufen. Wir nehmen durch die Gnade des Gottes, *»der ein eifersüchtiger Gott ist«* (2Mo 34,14), die Wahrheit in der Person Jesu in unser Leben. Diesen Gott müssen die Jugendlichen erkennen; und das ist der Glaube, den man sie lehren und ihnen vorleben muss. Er ist das Herzstück des christlichen Glaubens. Wenn wir uns nicht wieder auf diese grundsätzliche Wahrheit in den Gemeinden und Kirchen ausrichten, wie sollen Jugendliche jemals den wahren Gott kennenlernen?

Bedauerlicherweise haben die christlichen Jugendlichen nicht nur ein verzerrtes Bild vom Christentum, sondern auch von der Wahrheit und ihrer praktischen Bedeutung für uns. Ihre verzerrte Sicht von Wahrheit verhindert, dass sie den wahren Gott erkennen und seine verändernde Kraft annehmen.

Kapitel 3
Die verzerrte Sicht in Bezug auf Wahrheit bei christlichen Jugendlichen

Vor einiger Zeit war ich als Redner bei einer christlichen Jugend-konferenz eingeladen, an der die eifrigsten jungen Leute einer Gemeinderichtung teilnahmen. Es war sozusagen die »Crème de la Crème« anwesend – tiefgläubige christliche Jugendliche. Am nächsten Tag hatte ich vor, einen Vortrag über die Zuverlässigkeit der Bibel zu halten. Deshalb stellte ich in meinem Seminar Jugendlichen diese Frage: »Warum glaubst du, dass die Bibel wahr ist?«

Keiner der Jugendlichen konnte diese Frage beantworten. Sie versuchten alle, eine Antwort zu finden, aber niemand konnte eine überzeugende formulieren.

Am nächsten Morgen kam ein Jugendlicher auf mich zu und meinte: »Josh, ich kann es dir sagen!«

Ich war etwas überrascht: »Eine Antwort auf was?«, fragte ich ihn.

»Auf deine Frage, warum ich glaube, dass die Bibel wahr sei.«

»Ok«, meinte ich, »dann schieß los!«

»Weil ich an die Bibel glaube«, sagte er fest entschlossen, »weil ich in sie Vertrauen habe.«

»Du meinst also, die Bibel ist wahr, weil du an sie glaubst?«, hakte ich nach.

»Ja«, kam es mit voller Überzeugung.

Einige Jugendleiter und Jugendliche verfolgten unser Gespräch. Einige von ihnen lächelten zustimmend und nickten mit dem Kopf, als ob der junge Mann mit seiner Antwort ein großes Rätsel gelöst habe und jetzt alles ersichtlich wäre.

Dann fragte ich ihn: »Bedeutet es also, dass die Bibel somit auch für deine Schulkollegen wahr wäre?«

»Das wäre sie, wenn sie daran glauben würden!«, entgegnete er.

Ich sah ihn einige Sekunden lang an. Seine Antwort ließ bei mir kaum Begeisterung aufkommen, weil sie so typisch für die Jugendlichen heute ist. Ich wandte mich nochmals an ihn: »Kennst du den wesentlichen Unterschied zwischen uns beiden?«

»Welchen?«, fragte er.

»Für dich«, erwiderte ich, »ist die Bibel wahr, weil du es glaubst. Ich glaube an sie, weil sie wahr ist.«

So erschreckend das auch sein mag, die Mehrheit unserer Jugendlichen heute – sogar die intelligentesten und fähigsten – teilt diese Meinung. Die jungen Leute haben die Sichtweise übernommen, dass moralische Wahrheit erst dann wahr und gültig ist, wenn sie daran glauben wollen. Mit dem Glauben steht und fällt alles. Sobald sie an etwas glauben, gilt diese Sache als wahr, bis sie sich entscheiden, an etwas anderes zu glauben. Sobald sie etwas finden, das ihnen einleuchtender erscheint, ist davon auszugehen, dass sie daran glauben werden – ob es biblisch begründbar ist oder nicht.

Allgemeines Denken in unserer ganzen Gesellschaft

Wir wollen nicht den Eindruck vermitteln, dass in den Gemeinden oder christlichen Familien absichtlich eine solche Sicht gelehrt wird, alle moralische Wahrheit sei nur dann wahr, wenn man sich entscheidet, daran zu glauben. Die Problematik lässt sich folgendermaßen beschreiben: Durch fehlende Vermittlung grundlegenden biblischen Wissens sind die Jugendlichen überwiegend von der heute gängigen Denkweise beeinflusst worden, die im Wesentlichen unsere Gesellschaft bestimmt – unsere Regierung, Schulen, Filme, Fernsehen und Musik. Es beeinflusst ihr Verhalten mehr als ihnen bewusst ist. Wir haben es hier unter anderem mit einer sehr komplexen, oft widersprüchlichen und ständig verändernden Denkart zu tun, die unter dem Begriff postmodernes Denken zusammengefasst werden kann:

- Moralische und religiöse Wahrheit existiert objektiv gesehen nicht.
- Anstatt die Wahrheit in einer Geschichte oder in einem Text zu erkennen (wie zum Beispiel in der Bibel), der als allgemeingültige Sicht des Lebens betrachtet wird – lehnt der Postmodernismus jegliche übergeordnete Erklärung von Wahrheit und Realität ab.
- Wahrheit – ob in der Wissenschaft, Bildung oder in der Religion definiert sich innerhalb einer Gesellschaft oder Gemeinschaft und gilt nur für sie und innerhalb dieser Gesellschaft als »wahr«.
- Der Einzelne ist Teil seiner Kultur und Gesellschaft. Deshalb sind wir nicht einzigartige Individuen, die nach Gottes Ebenbild erschaffen wurden; unsere Identität entspringt vielmehr unserer

Kultur (afro-amerikanisch, europäisch, östlich, westlich, städtisch, ländlich etc.).

- Das gesamte Denken ist ein soziales Konstrukt. Was Menschen für Wahrheit halten, sind schlichtweg willkürliche »Überzeugungen, die uns unser Umfeld aufgezwungen hat. Andere Menschen haben wiederum komplett andere Überzeugungen angenommen.«[1]
- Jedes System oder jede Behauptung, die den Anspruch der objektiven Wahrheit erheben oder die Werte, den Lebensstil und die gültigen Wahrheiten anderer negativ bewerten, machen sich des Machtgehabes schuldig – als den Versuch einer Kultur, eine andere zu beherrschen.

Die Jugendlichen aus unseren Gemeinden haben sich eigentlich nicht bewusst für eine solche Sichtweise entschieden. Sie haben lediglich mit der Zeit das allgemeine Denken, den Konsens, unserer Gesellschaft übernommen.

Allgemeingültige Wahrheiten gibt es nicht mehr

Vor ein paar Jahren verpflichteten sich zehntausende Jugendlicher, auf Sex vor der Ehe zu verzichten. Sie nahmen an der Initiative *Wahre Liebe wartet* teil und drückten dadurch ihre Überzeugung aus, dass sie sexuelle Reinheit für richtig hielten. In unserer sexuell freizügigen Gesellschaft war das zweifellos eine beeindruckende Haltung. Allerdings wandte ein großer Teil der Jugendlichen diese Wahrheit nur für sich an. Sie waren der Ansicht, dass jede Wahrheit subjektiv zu bestimmen sei. So betrachteten sie Sex vor der Ehe nur dann als falsch, wenn sie es persönlich für falsch hielten.

»Ist Sexualität vor der Ehe falsch?«, fragte ich zum Beispiel die fünfzehnjährige Kristin.

»Ja, ich denke, dass es für mich nicht richtig ist«, entgegnete sie mir daraufhin.

»Aber«, fuhr ich fort, »glaubst du, dass Sex vor der Ehe für jeden falsch ist?«

Man merkte, dass Kristin diese Frage unruhig machte und sie sich beim Antworten sichtlich unwohl fühlte.

»Ich denke, dass es für mich falsch ist, und ich werde auch bis zur Ehe warten. Aber ich möchte nicht werten, was andere Leute glauben und tun.«

Kristin und die Mehrheit der Jugendlichen (81%) haben die Ansicht übernommen, dass alles »für den einzelnen und seine Lebensumstände relativ ist«.[2] Sie mögen vielleicht noch zustimmen, dass man bei einigen Dingen ganz klar sagen kann, ob sie richtig oder falsch sind. Aber sie glauben, dass dies letztlich eine persönliche Sache ist. Es ist deshalb nicht überraschend, dass 70% der Gemeindekinder glauben, dass es keine allgemeingültige moralische Norm für gut und böse gibt.[3] Ihrer Ansicht nach existiert keine verbindliche Wahrheit für alle Menschen, an allen Orten und zu jeder Zeit. Jede Person hat das Recht, zu tun und zu sagen, was sie für sich persönlich als das Beste hält.

Diese Haltung entspricht dem Wunsch der christlichen Jugendlichen, selbstbestimmt zu leben, frei und unabhängig zu sein. Darüber hinaus ist es ihnen wichtig, die Entscheidungen ihrer Mitmenschen zu akzeptieren und nicht zu verurteilen. Sie sind der

Auffassung, dass viele Wege und Lebensformen richtig sind und glauben deshalb, herausfinden zu müssen, welche für sie am besten passt. Ihrer Meinung nach ist religiöse und moralische Wahrheit als persönliche und private Sache zu betrachten. Sie gehen davon aus, dass niemand dem anderen seine Sicht von richtig und falsch aufzwingen sollte.

Wenn wir eine Wahrheit aus der Bibel vermitteln, entweder die zehn Gebote oder die Auferstehung Jesu, neigen die Jugendlichen dazu, das als Angelegenheit persönlichen Glaubens zu sehen und nicht notwendigerweise als allgemeingültige Wahrheit.

Mein Sohn, Sean McDowell, versuchte mit folgendem Experiment, einer Gruppe von Gymnasiasten darzulegen, dass die Wahrheit der Auferstehung Jesu allgemeingültig ist.

Er legte eine Dose mit Murmeln vor sie und fragte: »Wie viele Murmeln sind in der Dose?« Die Schätzungen beliefen sich auf 221, 168, 149 etc. Dann nannte er ihnen die korrekte Zahl und fragte: »Wer war am nächsten dran?« Alle nannten 168 und waren sich gleichzeitig einig, dass die Anzahl der Murmeln ein Fakt und keine persönliche Sichtweise ist.

Anschließend verteilte Sean Bonbons an alle Schüler und fragte sie: »Welches schmeckt am besten?« Diese Frage fanden alle reichlich komisch, denn hier hatte jeder persönliche Vorlieben. Worauf er antwortete: »Da habt ihr völlig Recht«, denn die Frage, was am besten schmeckt, hat etwas mit persönlicher Vorliebe zu tun. Es ist eine subjektive Meinung, keine objektive Tatsache.«

Dann fragte Sean weiter: »Kann man die Auferstehung eher mit den Murmeln in der Dose vergleichen, oder ist es eine Sache der persönlichen Vorliebe wie bei den Bonbons?« Die meisten Schüler meinten, es sei so wie bei den Bonbons – gehöre also in die Kategorie persönlicher Geschmack. Er leitete zum Abschluss des Experimentes dann zu Jesu leiblicher Auferstehung über. Sean gab ihnen zu bedenken, obwohl viele die historische Auferstehung ablehnten, dass es nicht eine Sache von »gilt für dich, aber nicht für mich« ist. Entweder war die Gruft am dritten Tag leer oder belegt – dazwischen gab es nichts.[4]

Vielfach liegt das Problem darin, dass christliche Jugendliche alle Fragen nach einem Denkschema behandeln, das nur für bestimme Arten von Fragen anwendbar ist. Was für Süßigkeiten gilt, die eine Sache persönlichen Geschmacks sind, gilt aber nicht für Wahrheitsfragen. Entweder ist Wahrheit objektiv wahr und stimmt mit der Wirklichkeit überein, oder sie ist nicht wahr. Geistliche und moralische Wahrheit nach persönlicher Vorliebe festzulegen, wird genauso wie im alten Israel katastrophal enden, wo *»jeder tat, was recht war in seinen Augen«* (Ri 17,6). Die daraus resultierende Anarchie führte zu einem noch nie dagewesenen Niedergang und fast zur Auflösung des Volkes. Wenn man aus einer allgemeingültigen Wahrheit eine Frage der persönlichen Beliebigkeit macht, hat das katastrophale Folgen. Es war nämlich niemals Gottes Absicht, dass wir biblische Wahrheit nach unserem eigenen Ermessen festlegen oder uns als alleinige Gebieter über das aufschwingen, was richtig und falsch ist. Aber diese Einstellung bestimmt christliche Jugendliche und lässt sie in der Konsequenz falsche Entscheidungen treffen und dabei meinen, völlig im Recht zu sein.

In Kapitel 1 des Buches wurde anhand von Statistiken (USA) die

Anzahl der christlichen Jugendlichen gezeigt, die lügen, betrügen, sich gegenseitig verletzen etc. Leider reden wir hier nicht von Ausrutschern, die anschließend bekannt und in Ordnung gebracht wurden. Vielmehr handelt diese Generation junger Christen vielfach so, weil das ihrer »persönlichen Moralvorstellung« entspricht, und rechtfertigt es mit den gegebenen Umständen. Ihr fehlt oftmals der richtige Blick für die Kriterien der Wahrheit, weil sie keinen übergeordneten zuverlässigen Maßstab besitzt, um festzulegen, was moralisch und ethisch korrekt ist. Folglich ist eine Generation Jugendlicher herangewachsen, die nicht nur anfällig für falsche Theorien ist, sondern auch die fatalen Auswirkungen auf ihr Verhalten zu spüren bekommt. Noch nie war daher die Not dringlicher. Es gilt (um mit den Worten des Apostels Paulus zu reden), unsere jungen Leute wieder mit der Wahrheit auszurüsten und ihnen im Wachstum zu helfen. *»Denn wir sollen nicht mehr Unmündige sein, hin- und hergetrieben von jedem Wind der Lehre«* (Eph 4,14).

Wenn sie Jesus nicht wieder den rechtmäßigen Platz als Maßstab im Leben einräumen, anstelle ihrer eigenen Meinungen und Entscheidungen, werden sie selbst die größten Verlierer sein. Wir müssen Jugendlichen wieder Jesus nahebringen, so dass sie ihn als wahrhaftige Person begreifen, die mit ihnen in eine Lebensbeziehung eintreten möchte. Wir müssen sie ermuntern, wie ein weinendes Kind, das von Vater oder Mutter in die Arme geschlossen wird, mit allen Nöten zu ihm zu kommen. Wenn die Jugendlichen erfahren, dass Jesus Christus sie liebt, werden sie nicht länger von allen möglichen zerstörerischen und bedrohenden Einwirkungen dieser Welt *»hin- und hergetrieben«*. Vielmehr werden sie wieder durch die Wahrheit der Bibel gefestigt und so in der Lage sein, die Wirklichkeit mit Gottes Augen zu sehen. Leider wissen Jugendliche vielfach nicht mehr, wie man Dinge von Gottes Perspektive her beurteilen kann, und haben daher einen falschen Blick auf die Realität. Aber darauf gehen wir im nächsten Kapitel ein.

Kapitel 4
Die verzerrte Sicht von der Wirklichkeit bei christlichen Jugendlichen

Dieses Experiment ist wahrscheinlich aus der Grundschule bekannt: Man nimmt ein sauberes Glas und einen Löffel. Zwei Drittel des Glases füllt man mit Wasser und stellt den Löffel ins Glas. Dabei hat es den Anschein als sei der Griff des Löffels an der Stelle kaputt, an der er in das Wasser tritt. Betrachtet man ihn aus einem anderen Winkel, sieht er verbogen aus. Wenn man den Löffel wieder aus dem Glas nimmt, ist er aber immer noch gerade.

In Wirklichkeit war dieser Löffel niemals verbogen; das Licht war gebrochen. Dieses Phänomen der Lichtbrechung geschieht, wenn Licht Materialien verschiedener Dichte durchläuft (in diesem Fall handelt es sich um Luft und Wasser). So entsteht beim Beobachter eine verzerrte Sichtweise der Realität, denn er sieht etwas verbogen, was in Wirklichkeit gerade ist.

Dieses Experiment schildert treffend die Situation, in der sich momentan viele christliche Jugendliche befinden. Sie unterscheiden sich von früheren Generationen nicht durch mangelnde Intelligenz.

Im Gegenteil, sie sind vielleicht weit klüger. Sie sind vielversprechend. Sie sind aufnahmefähig ... aber leider ist ihre Wahrnehmung der Realität durch den Zeitgeist oft in gefährlichem Ausmaß verzerrt. Daher fehlt es mitunter sogar den überzeugtesten Christen unter ihnen an Wissen, um gerade von verbogen, richtig von falsch und Weisheit von Torheit zu unterscheiden.

Das dicke Mammutbuch der Technik

Eine Studie des *Online Computer Library Centers* stellte kürzlich fest, dass David Macaulays Buch *The Way Things Work* (der Titel der dt. Ausgabe lautet *Das dicke Mammutbuch der Technik*)[2] auf mehr Schreibtischen in den USA zu finden ist als irgendein anderes Kinderbuch. Das ist verständlich, da sich junge Menschen heute nach handfesten Erklärungen sehnen und pragmatisch wie noch nie zu sein scheinen. Sie suchen nach dem, was echt, relevant und jetzt richtig ist. Diese Generation fragt nicht: »Ist das die Wahrheit?«, sondern eher: »Funktioniert das?« Der Autor Rick Richardson beurteilt diese Einstellung wie folgt: »Sie haben die Wahrheit neu definiert als etwas, das ihnen aufgrund ihrer Erlebnisse und Erfahrungen wahr zu sein scheint, was sich für sie als wahr anfühlt.«[2]

Wenn Hugh Hefners Motto: »Wenn es sich gut anfühlt, dann tu es«, die sechziger Jahre charakterisiert hat, gilt für unsere heutige Gesellschaft: »Ich will alles, und zwar sofort.« Ob ein Handeln richtig oder falsch ist, beruht folglich nicht auf objektiven Standards, sondern hängt davon ab, wie sehr wir uns das Ergebnis dieses Handelns wünschen.

Das ist sicherlich keine neue philosophische Denkweise, neu ist aber das Ausmaß, mit dem diese Sichtweise das Denken und Handeln Jugendlicher beeinflusst. Fakt ist, dass 72% glauben, Kriterium für moralisch ethisch korrekt ist, ob es im Leben funktioniert oder nicht.[3]

Eine fehlerhafte Sicht

Viele christliche Jugendliche haben sich eine Methode zur Wahrheitsfindung angeeignet: schnelle Funktionalität und Machbarkeit. Was für sie schnell und gut umsetzbar ist, ist richtig. Doch diese Auffassung ist genau wie der »gebrochene« Löffel im Glas eine Illusion. Denn die Bibel verdeutlicht immer wieder, dass die Überzeugung »Was schnell und gut funktioniert, ist auch richtig« nicht das ganze Bild der Wahrheit widerspiegelt.

Als Joseph, der Sohn Jakobs, ein Sklave in Ägypten war und ihm die Frau seines Herrn ein unsittliches Angebot machte, hielt er nicht inne und fragte sich: »Bekomme ich das auf die Reihe?« Die Bibel zitiert seine Antwort, wie folgt: *»Wie sollte ich denn nun ein solch groß Übel tun und wider Gott sündigen?«* (1Mo 39,9).

Als David wegen Bathseba Schuld auf sich geladen und den Tod ihres Ehemanns veranlasst hatte und anschließend vom Propheten Nathan mit seiner Schuld konfrontiert wurde, entgegnete er nicht: »Nathan, es läuft bestens für mich. Versuche also nicht, mir deine moralischen Grundsätze überzustülpen.« Im Gegenteil, als Davids Verhalten aufgedeckt wurde, bekannte er ohne Umschweife: *»Ich habe gegen Gott gesündigt«* (2Sam 12,13).

Als Jesus von der Last seines bevorstehenden Todesurteils

bedrückt war und im Garten Gethsemane zu seinem Vater schrie, protestierte er nicht: »Das geht nicht!«, sondern er sagte stattdessen: »*Vater, wenn du willst, nimm diesen Kelch von mir weg – doch nicht mein Wille, sondern der deine geschehe!*« (Lk 22,42).

Die Mehrheit der christlichen Jugendlichen lässt sich heute leider bei vielen Entscheidungen von dem Gedanken des kurzfristigen Erfolgs und Genusses leiten, statt auf den Sinn von Gottes Geboten zu achten; diese sind auf Langfristigkeit angelegt. Gottes Sicht von Wahrheit und Irrtum ist eine andere. Sie lautet: Wenn es richtig ist, wird es sich langfristig als gut und förderlich erweisen. »*Bewahre ... seine Gebote und seine Rechtsbestimmungen und seine Zeugnisse, wie es im Gesetz des Mose geschrieben ist, damit du Erfolg hast in allem, was du tust, und überall, wohin du dich wendest*« (1Kö 2,3). Unsere Welt baut sich nach dem Ursache-Wirkung-Prinzip auf. Doch Gott teilt uns seine Wege mit, die allgemeingültig und nicht pragmatisch sind. Seine Wege schützen uns vor Leid. Sie bedeuten Sicherheit und Segen. Mancher Jugendliche aus christlichem Elternhaus sieht das leider anders. Doch dieses verzerrte Bild der Realität ist nicht nur falsch; es führt auch zu seelischem Kummer und Leid.

Eine gefährliche Sicht

Wir kennen alle die Geschichte des Rattenfängers von Hameln. Die Stadt hatte den jungen Mann mit seinen magischen Melodien engagiert, um die Ratten der Stadt loszuwerden, was er auch schaffte. Als die Tiere verschwunden waren, trafen die Stadtherren eine pragmatische Entscheidung: Die Ratten waren weg und das

Problem schnell gelöst. Also sahen sie keinen Grund dafür, den Rattenfänger zu bezahlen. Plötzlich wollten sie nicht mehr wahrhaben, dass er für sie gearbeitet hatte. So griff der Rattenfänger zu einer eigenen Lösung, die ihm schnellen Erfolg versprach. Er spielte die Flöte für die Kinder der Stadt und lockte sie in dasselbe Schicksal wie zuvor die Ratten.

In ähnlicher Weise wird das verzerrte Bild der Realität die Jugendlichen zerstören. Millard Erickson, Professor der Theologie an der Truett Universität, schreibt:

»Wie viel Zeit braucht man, um Ideen auszuwerten? Wird eine richtige Idee daran erkannt, dass etwas sofort funktioniert? Oder erst in einem Jahr? In zehn Jahren? In hundert Jahren? Der heute geltende Pragmatismus geht davon aus, dass sich alles daran misst, ob es sofort Erfolg hat. Doch was kurzfristig zweckmäßig zu sein scheint, erweist sich langfristig vielfach als unzweckmäßig.«[4]

Das verzerrte Bild der Jugendlichen von Realität, die ihrer Ansicht nach »von Ursache und Wirkung bestimmt ist«, wird sie letztlich auf einen Weg der Zerstörung führen, wenn kein Umdenken stattfindet. Wenn »schnelle Funktionalität und Machbarkeit« das Kriterium ihrer Entscheidungen ist, suchen sie verstärkt sofortige Befriedigung, vorläufige Lösungen und passende Antworten. Sie werden aber so nicht die Führung und Sicherheit der guten Wege Gottes erleben, sondern Täuschung und Zerstörung.

Die Rapperin Lil Kim log vor einem Bundesgericht wegen eines Schusswechsels in New York. Nachdem sie später aufgrund ihrer Lüge zu einer Gefängnisstrafe verurteilt worden war, sagte sie: »Ich dachte, es wäre richtig, was ich tue. Aber jetzt weiß ich, dass ich falsch lag.«[5] Meinte Lil Kim damals etwa: Es wäre richtig zu lügen, um so Problemen entgehen zu können; aber dann merkte sie später, dass es falsch war, weil sie dadurch ins Gefängnis musste? Unsere Jugendlichen denken oft so. Sie haben für sich die Denkweise der »schnellen Funktionalität« übernommen; sie verheißt fast immer schnellen Erfolg.

Wenn jedoch nach »schneller Funktionalität« entschieden wird, ist auch nichts gegen Doping zur Leistungssteigerung einzuwenden; dann ist auch vorehelicher Sex eine Option. Gleiches gilt für das Abschreiben wegen einer besseren Note. Einfach zu lügen, wie es die Rapperin getan hat, scheint für viele eine bessere Lösung zu sein, als den unangenehmen Konsequenzen für die Wahrheit ins Auge zu sehen.

Wenn »sofortige Funktionalität« unter anderem das Kriterium für Wahrheit ist, wer wird dann noch den schweren Weg bleibender göttlicher Werte wählen und nicht lieber seine Haut retten, ansatt Opfer zu bringen? Wer wollte dann die Nachfolge des Gekreuzigten dem Weg der Welt vorziehen? Wem ist Gehorsam gegenüber Gottes Willen dann wichtiger als der eigene Weg? Wenn wir den Jugendlichen nicht helfen, die Realität aus Gottes Augen zu sehen, wie sollen sie lernen, auf Gottes Ruf, seinen Willen oder Plan zu antworten?

Aus diesem Grund müssen wir die Jugendlichen dringend von ihrer falschen und verzerrten Logik abbringen, mit der sie Entscheidungen treffen. Wir müssen ihnen wieder ein gesundes, biblisches Gottesbild vermitteln, das ihnen hilft, Gott zu erkennen und zu wissen, wie er zu uns steht. Dann wird es ihnen möglich sein, zwischen richtig und falsch zu entscheiden, zwischen

Wahrheit und Lüge, Gutem und Schlechtem zu trennen. Helfen wir ihnen zu verstehen, dass die Bibel uns den lebendigen Gott offenbart. Er wünscht sich, dass sie ihn kennen und ihm antworten, indem sie ihre Zukunft seiner Führung anvertrauen. Die Jugendlichen brauchen eine geistliche Erfahrung, um in ihrem pragmatischen Denken Veränderung zu erleben. Das geschieht durch das Ja zu einer engen Beziehung mit Gott und die Bereitschaft, seinem Ruf zu folgen:

»Du sollst den Herrn, deinen Gott, lieben mit deinem ganzen Herzen und mit deiner ganzen Seele und mit deinem ganzen Verstand. Dies ist das größte und erste Gebot. Das zweite aber ist ihm gleich: Du sollst deinen Nächsten lieben wie dich selbst« (Mt 22,37-39).

Kapitel 5
Die verzerrte Sicht von Gemeinde bei christlichen Jugendlichen

»Meine Einschätzung ist gleich Wirklichkeit.« Wahrscheinlich haben wir alle diesen Ausspruch schon einmal gehört und benutzt. Im Wesentlichen soll damit ausgedrückt werden, dass das, was Menschen als wahr erscheint und ihrer Einschätzung entspricht, dieser Ansicht nach auch stimmen muss. Wenn Investoren beispielsweise ein Unternehmen sehr hoch bewerten, steigt daraufhin automatisch sein Wert, weil viele Leute daraufhin Anteile kaufen.

Diese Haltung ist aber problematisch. Trotz der positiven Einschätzung der Investoren war in den USA der Energie-Riese *Enron* in den 90er Jahren keine gute Investition. Seine Bewertung konnte den endgültigen Zusammenbruch des Unternehmens nicht verhindern. In ähnlicher Weise beurteilen heutzutage viele christliche Jugendliche die Gemeinde nach bestimmten Kriterien. Aber ihre Bewertung gibt eine verzerrte Sicht dessen wider, was eine biblische Gemeinde ausmacht. Darüber hinaus tragen viele Gemeinden dazu bei, dass solch ein Zerrbild entsteht, weil sie nicht Gottes Gedanken von Gemeinde entsprechen.

Nachdem ich unsere Untersuchung über das Denken der heutigen Jugend ausgewertet und mit meinen eigenen Erfahrungen in der Begegnung mit tausenden von ihnen verglichen hatte, ergab sich ein ziemlich genaues Bild, wie christliche junge Menschen Gemeinde sehen. Ihr Bild ist vor allem durch Erfahrungen im Jugend- oder Teenkreis geprägt worden. Doch obwohl sie in der Lage waren, ziemlich detailliert ihre Erfahrung und Wahrnehmung zu reflektieren, war kein biblisches Gemeindeverständnis zu erkennen. Andererseits zeigen Studien, dass Jugendliche sogar häufiger als Erwachsene an gemeindlichen Angeboten und Glaubenskursen teilnehmen. Es ist also Zeit für umfassende Veränderungen in der Jugendarbeit, denn christliche Jugendliche empfinden Gemeinde wie folgt:

1. Gemeinde ist langweilig

Jugendliche gehen hauptsächlich in einen Jugendtreff, weil sie dort Spaß, Essen und Gemeinschaft finden können. Die Andachten des Jugendleiters sind hingegen für die meisten langweilig. Dabei ist zu bedenken, dass viele Gemeinden sehr klein sind und sich nur die größeren einen vollzeitigen Jugendpastor leisten können. Der Jugendkreis besteht also häufig aus einer kleinen Gruppe Jugendlicher, die von einem Mitarbeiter geleitet werden. Dieser verfügt oft über geringe Erfahrung und wenig Zeit zur Vorbereitung. Und das merkt man auch. Die Jugendlichen versuchen, die Andacht zu überstehen, um danach Essen und Gemeinschaft genießen zu können und Spaß mit ihren Freunden zu haben. Meist hat dieser gesellige Teil wenig geistlichen Inhalt und unterscheidet sich kaum von ähnlichen Treffen in Schule und Freizeit.

2. Gemeinde ist Action non Stop

Auf den ersten Blick passt das natürlich nicht zu der Ansicht, dass Gemeinde langweilig ist. Doch die Jugendlichen, die zu einem Jugendkreis unter der Leitung eines vollzeitlichen Jugendpastors gehen, sagen oftmals: »Die Jugendstunde ist der Knaller.« Traditionell sind Jugendpastoren und Mitarbeiter der Auffassung, dass die Jugendlichen nur dreierlei brauchen: Entertainment, Entertainment, Entertainment. Sie sind der Ansicht, dass die Wahrnehmung der jungen Leute durch elektronischen Medien - wie Fernsehen, Filme, Video- und Computerspiele, Internet - so stark geprägt ist, dass sie immer wieder aufs Neue stimuliert werden müssten, um überhaupt zuzuhören. In Film und Fernsehen wechseln Bilder innerhalb von Sekunden. Die Jugendlichen haben sich daran gewöhnt. Aufgrund dessen finden sie es schwierig, sich eine Zeit lang auf einen Inhalt zu konzentrieren.

Jugendtreffs bieten daher gewöhnlich ein Programm an, auf dem ausgiebig Spiele mit einem großen Actionanteil, Ausflüge und allem vorstellbaren Entertainment stehen. Zusätzlich werden noch ein paar Minuten Andacht angehängt. Für unsere Kinder scheint der geistliche Teil der Gemeinde langweilig. Aber wegen der Aktivitäten, die die Jugendpastoren anbieten, damit die Verbindung zur Gemeinde aufrecht erhalten bleibt, kommen sie immer wieder. Doch wir sollten uns die Frage stellen: Was ist eigentlich unser Ziel?

3. Gemeinde hat keinen entscheidenden Einfluss auf mein Leben oder meine geistliche Entwicklung

Wie beantwortet ein typischer Jugendlicher aus einer Gemeinde wohl folgende Frage: »Was hat dich in deiner Einstellung und in deinem Handeln geprägt?« 78% der Jugendlichen sagen wahrscheinlich: »Meine Eltern.« Studien belegen, dass die Eltern dreimal mehr Einfluss auf die Jugendlichen haben als ihr Pastor oder Jugendleiter. Die Gemeinde liegt nur an siebter Stelle und hat den gleichen Einfluss wie die Musik. Freunde haben doppelt so viel Einfluss auf das Leben der Jugendlichen wie der Jugendleiter.

Die Studie widerlegt auch die gängige Meinung, dass Film und Fernsehen den größten Einfluss auf Jugendliche bedeuten. Es fällt natürlich leicht, Hollywood, MTV und der heutigen Kultur die Schuld in die Schuhe zu schieben, statt die Tatsache zu akzeptieren, dass die stärkste Prägung von den Eltern kommt. Sie besitzen in erster Linie die Möglichkeit, ihre Kinder zu formen, indem sie ihnen ihre Werte und ihren Glauben weitergeben. Sicherlich haben das Umfeld und das gesamte Denken unserer Zeit eine unglaubliche Macht, die Jugendlichen auf negative Weise zu beeinflussen. Dort liegt die Ursache, dass Jugendliche eine verzerrte Sicht von Christsein, Wahrheit und Wirklichkeit besitzen. Wie ganz anders würden christliche junge Leute heute dastehen, wenn sie in Eltern und Gemeinde ein geistliches Vorbild hätten; wenn das Verhältnis zu ihnen intakt und der Wunsch vorhanden wäre, jungen Menschen zu zeigen, wer Jesus wirklich ist und wie man als sein Nachfolger lebt.

Wir wollen damit nicht sagen, dass man gegen Obszönität, Sexualität und Gewalt in Fernsehen, Film und Videospielen nicht

Stellung beziehen sollte. Aber die Eltern haben sechs Mal mehr Einfluss auf die Jugendlichen als das Fernsehen und mehr als achtmal mehr als Filme.[3] Die Eltern tragen somit mehr zur Entwicklung ihrer Kinder bei – zum Guten und zum Schlechten – als sie selbst wahrhaben möchten. Wie ein Kind denkt und handelt, wird immer noch maßgeblich von seinem Elternhaus geprägt. Das bedeutet, dass das bröckelnde Glaubensfundament dieser Generation ebenso ein Problem der Eltern wie ein Problem der Gemeinde sein kann. Wenn wir die Jugendlichen zurückgewinnen wollen, erfordert das eine gemeinsame Anstrengung von beiden.

4. Ich erlebe Gemeinde als ständige Abfolge von Events

Die meisten Jugendlichen und (sogar viele Erwachsene) vergleichen die Gemeinde eher mit einem Tennismatch, dem man zuschaut, als mit einem »Straßenfest«, das eine Gemeinschaftsaktion ist. Gemeinden scheinen für sie ein Ort zu sein, an dem man zuhört und eine passive Rolle einnimmt; weniger als eine Gemeinschaft von Christen, in die sich alle einbringen. Worshipmusik lädt sicherlich zum Teilhaben ein, aber darüber hinaus ist in vielen Gemeinden nur wenig Raum für tiefen, gemeinsamen Austausch und das Forschen nach der Wahrheit.

Die heutige Generation Teenager ist vielleicht die beziehungs- und gemeinschaftsorientierteste, die es je gegeben hat. Die meisten Gemeindeevents schaffen es nicht, junge Leute und Erwachsene in ein Gespräch über die Wahrheit des Wort Gottes zu bringen. Es tauscht sich niemand mehr darüber aus, wie man die Bibel in seinem Leben und in Beziehungen umsetzen kann.

Studien belegen, welchen hohen Stellenwert Beziehungen für junge Leute haben.[4] Unsere eigenen Beobachtungen sind sicherlich ähnlich. »Enge persönliche Freundschaften aufbauen«, »den Ehepartner fürs Leben finden«, »eine enge Verbindung zu Gott pflegen« und »anderen ein Zeugnis sein« – diese Anliegen sind Jugendlichen sehr wichtig. Laut einer Umfrage von George Barna ist ein herausragendes Merkmal dieser Generation, dass sie sehr viel Wert auf persönliche Beziehungen legt ... Es scheint, dass dies einen weit höheren Stellenwert als noch vor zwanzig Jahren hat.«[5] Veranstaltungen, zu denen man hingeht und zuhört, leisten ihren Beitrag; aber wenn es darum geht, Beziehungen aufzubauen und ein Miteinander zu erreichen, wird das nicht mit einem größeren Angebot an Gemeindeveranstaltungen erreicht.

5. Die Gemeinde kümmert sich um mein »Seelenheil«, hat aber keine Lösung für meine persönlichen Probleme

Zwei Fragen sind heute wichtig: 1. Warum besuchen Menschen keine Gemeinde? Und 2. Wie sollte nach ihrer Ansicht eine Gemeinde aussehen, die für andere Menschen da ist? Dabei sagten viele: »Gemeinde ist langweilig, vor allem die Predigt. Sie hat nichts mit meinem Leben zu tun.«[6] Unsere Jugendlichen denken heute ähnlich.

Die Umfrage hat ergeben, dass Teenager gewöhnlich wissen, dass der Gemeinde »ihr Seelenheil« am Herzen liegt. Folgendes ist auch leider Tatsache: Wenn junge Menschen vor dem 13. Lebensjahr ihr Leben nicht Jesus anvertraut haben, werden sie es vielleicht nie mehr tun![7] Was folgt dann? Wir müssen sie weiter begleiten, damit sie ihre Bedeutung und den Sinn und Zweck ihres

Lebens entdecken. 74% der Jugendlichen geben an, den Sinn des Lebens noch nicht herausgefunden zu haben.[8] 63% geben an, sich in punkto Lebensentwurf, nach dem sie ihre Zukunft gestalten und wonach sie ihre Entscheidungen dauerhaft ausrichten wollen, noch nicht festgelegt zu haben.[9]

George Barna fasste im Wesentlichen zusammen, warum Jugendliche zu einem christlichen Jugendtreff kommen ...

»Wichtig ist ihnen, Freunde zu treffen. Sie glauben, dass die christliche Gemeinde ihnen wichtige Erkenntnisse vermitteln kann. Wenn sie keine Zeit mehr mit ihren Freunden verbringen dürften, würden sie wahrscheinlich nicht wiederkommen. Sie würden ebenso nicht wiederkommen, wenn die Gemeinde nur den Anschein von geistlicher Substanz hätte (coole Musik, lockere und freundliche Atmosphäre, Aktivitäten), aber vom eigentlichen Inhalt selbst nicht viel zu sehen wäre. Der Kern christlichen Glaubens muss daher zeitgemäß, mit praktischem Bezug und im rechten Zusammenhang vermittelt werden. Gelingt die Verbindung nicht, guten geistlichen Inhalt ansprechend rüberzubringen, drängen wir unsere Jugendlichen vielfach vor die Tür und verjagen sie.«[10]

Die traurige Wahrheit ist, dass immer mehr Jugendliche der Gemeinde bereits den Rücken zukehren. Es mag unser aufrichtiges Anliegen sein, das zu stoppen. Doch wenn wir ihnen nicht entscheidende Inhalte bieten, werden die meisten nicht bleiben. Wenn wir fortfahren wie bisher, werden wir junge Menschen kaum halten können. Aber inmitten dieses bedrückenden Bildes gibt es Hoffnung.

Warum es Hoffnung gibt!

zu allgemein!

Es gibt Hoffnung auf Grund zweier Statistiken, die wir auf den vorderen Seiten bereits anführten: 74% der Jugendlichen haben noch nicht den Zweck und Sinn ihres Lebens herausgefunden, und 63% habens sich bezüglich ihres Lebensentwurfs noch nicht festgelegt. Sie wissen noch nicht, welche Überzeugung kontinuierlich ihre Entscheidungen bestimmen soll. Diese Suche eröffnet jeder Gemeinde und Familie gewaltige Möglichkeiten. Christliche Jugendliche sind in der Gemeinde genau am richtigen Platz, um sie in einem für sie entscheidenden Entwicklungsprozess zu begleiten. Es ist so wichtig, dass sie von reifen Christen erfahren, was für sie im Alltag real und wichtig ist und wie sie soziale Kompetenz erlangen. *wenn es angenommen wird.*

Außerdem gibt es Hoffnung, weil unsere Jugendlichen Gott nicht prinzipiell ablehnen. Sie haben vielleicht noch kein korrektes Gottesbild und daher Schwierigkeiten, Gott zu gehorchen. Aber die meisten sind offen und wünschen sich eine lebendige Verbindung zu ihm.

Darüber hinaus ist Gott immer noch derselbe. Sein Wort und sein Geist sind in dieser Generation lebendig. Gott möchte auch in dieser Zeit Menschen verändern, um sie von einem Status des Verlorenseins in eine lebendige Beziehung mit ihm zu führen.

Weiterhin gibt es Hoffnung, da immer mehr Gemeinden und Familien sich des Ernstes der Lage bewusst sind, und sie fürchten, dass wir die nächste Generation verlieren. Viele empfinden die Dringlichkeit dieses Anliegens, und es wächst der Wunsch, etwas dagegen zu unternehmen.

Wir haben viele christliche Leiter gefragt, die zehn Punkte zu nennen, die in ihren Augen entscheidend sind, damit christliche Jugendlichen geistlich, moralisch und in ihren Beziehungen stabil sind. Wir haben dann weitere zweitausend christliche Jugendmitarbeiter gebeten, die zehn Punkte in eine Rangfolge zu bringen. Hier sind die ersten fünf:

Die fünf wichtigsten Anliegen für das Leben der Jugendlichen

1. Meine Jugendlichen sollen erfahren, dass sie durch Jesus Christus verändert werden können (84% der Befragten äußerten diesen Wunsch).

2. Sie sollen ihren Glauben begründen können (41% der Befragten äußerten diesen Wunsch).

3. Sie sollen in der Lage sein, stabile Beziehungen aufzubauen (35% der Befragten äußerten diesen Wunsch).

4. Sie sollen nichtchristlichen Einflüssen widerstehen können (23%der Befragten äußerten diesen Wunsch).

5. Sie sollen lernen, wie man Entscheidungen nach Gottes Willen treffen kann (18% der Befragten wünschten sich dies).[11]

Wir haben dann mehr als 2000 Jugendarbeiter nach ihren fünf größten Herausforderungen gefragt, denen sie sich stellen müssen, um diese Generation geistlich ans »sichere Ufer« zu bringen. Für die Befragung hatten wir keine Liste mit möglichen Vorschlägen erstellt, von der man auswählen konnte. Trotzdem formulierte die Mehrheit die folgenden Herausforderungen:

Die fünf größten Herausforderungen lauten:

1. Die Jugendlichen motivieren, engagierte Nachfolger von Jesus Christus zu werden.
2. Ihnen die Bibel und Jesus Christus als bedeutend und lebendig vor Augen führen.
3. Ihnen helfen, die Wahrheit zu erkennen und danach zu leben.
4. Ihnen helfen, nichtchristlichen Einflüssen zu widerstehen.
5. Generationsübergreifend arbeiten.[12]

Die oben genannten Prioritäten und Herausforderungen zeigen, dass die meisten Jugendmitarbeiter erkannt haben, was im Wesentlichen zu tun ist. Obwohl das ermutigend ist, lautet die entscheidende Frage: Welche Lehren sind aus diesen Erkenntnissen zu ziehen? Um die verzerrte Sicht zu korrigieren, die sich unsere Jugendlichen angeeignet haben, und um ihnen zu helfen, echte Lebensveränderung zu erfahren, müssen wir in Familie und Gemeinde umdenken. Wir wollen in diesem Buch nicht ein angenehmeres Evangelium vorstellen, sondern ein »unfrisiertes Evangelium«. Es soll deutlich werden, wie wahre Nachfolger Jesu leben. Wie sieht das im Einzelnen aus, und was ist notwendig, um die verzerrten Sichtweisen dieser Generation gerade zu rücken?

Kapitel 6
Wie sollen wir dem begegnen?

Zu den großen Vorteilen des Internets gehört die Nutzungs-
möglichkeit von Übersetzungsprogrammen, um einzelne Wörter,
Sätze oder sogar Dokumente in andere Sprachen zu übersetzen.
Das hilft Gemeinden, Firmen und einzelnen Nutzern, Sprachbar-
rieren zu überwinden. Dennoch hat diese technische Errungen-
schaft Grenzen. Wenn man einen englischen Satz in eine andere
Sprache übersetzen will, und ihn zur Überprüfung zurück-
übersetzt, kommt es oft zu ganz überraschenden Ergebnissen.

Bei der Übersetzung von bekannten englischen Redewendungen
ist manchmal Bedeutungsverlust noch milde ausgedrückt. So sind
free flights eben nicht freie, sondern kostenlose Flüge. »*Can you
give me a ring*«, ist nicht die Bitte um einen Ring, sondern in
England versteht man darunter, dass ein Anruf erwünscht ist oder
in den USA sogar einen Heiratsantrag.

Beim Versuch, dieser Generation die Botschaft Jesu erfolgreich
zu vermitteln, stoßen wir auch manchmal auf Übersetzungs-
probleme. Man kann die gleiche Sprache sprechen, die gleichen
Wörter und Sätze benutzen und dennoch etwas anderes meinen.
Die Jugendlichen verstehen nämlich unter manchen Wörtern

etwas anderes als wir selbst und haben bei manchen Formen der Kommunikation weniger Verständnisprobleme. Es ist daher wichtig, ihnen die christliche Botschaft in einer verständlichen Sprache und mit den ihnen vertrauten Arten der Kommunikation ohne Bedeutungsverlust weiterzugeben. Wir müssen das Evangelium so übersetzen, dass es als relevante und lebensverändernde Botschaft verstanden wird. Und manchmal erfordert das bei uns Umdenken.

Unsere erste Aufgabe in der Übersetzung des Evangeliums ist daher, jungen Menschen das Evangelium nicht nur theoretisch zu erklären, sondern es ihnen durch eine sichtbare und ansprechende Umsetzung im Alltag vorzuleben. Dabei ist es notwendig, dass sich alle (einzelne Christen, Familien und die Gemeinde) nicht mehr nur einseitig auf die Verkündigung konzentrieren – so zentral diese auch ist –, sondern ebenso auf den gelebten Glauben.

Wir müssen für die Jugendlichen Vorbilder sein, und sie sollten in unserem Leben die Liebe zu anderen Menschen und einen durch Gott veränderten Lebensstil zu seiner Ehre erkennen. Keine Botschaft ist eindringlicher und wird schneller begriffen, als die von uns vorgelebte. Wir dürfen nicht erwarten, dass das Evangelium für Jugendliche Bedeutung hat, wenn wir nicht in unserem eigenen Leben zeigen, wie wichtig es uns persönlich ist.

Diese Forderung nach »gelebtem Evangelium« ist nicht neu. Schon die Apostel und die frühe Kirche im 1. Jahrhundert lehrten dies. *»Seid nun Nachahmer Gottes als geliebte Kinder. Und wandelt in der Liebe, wie auch Christus euch geliebt hat«* (Eph 5,1-2), sagt Paulus. Wir müssen uns diesen wesentlichen Teil des Evangeliums wieder bewusst machen, damit Jugendliche nicht nur die Wahrheit verkündigt hören, sondern erfahren, dass Jesus

Christus die Kraft hat, unser Leben zu verändern. Nichts ist für sie eindrücklicher, als das bei Menschen zu beobachten, die Gottes Wort weitergeben, wie etwa Eltern, Lehrer und Jugendleiter. Unter dieser Voraussetzung ist es weitaus leichter, jungen Menschen zu zeigen, wie sie Jesus praktisch erleben können.

Persönliche Erkenntnis erfahren

In den vorherigen Kapiteln haben wir gezeigt, welche negativen Auswirkungen der verzerrte Blick der Jugendlichen auf Wahrheit und Wirklichkeit hat. Fatalerweise haben die meisten Jugendlichen keine Veränderung durch den Glauben erlebt. Obwohl sie als Konsequenz falsche Entscheidungen treffen und dann unter den Folgen leiden, stellen sie jedoch nicht ihr eigenes Christsein in Frage.

Deshalb ist es keine Hilfe für sie, wenn man ihnen lediglich sagt, wie ein Christ sich richtig verhält, so wichtig das auch sein mag. Ich glaube vielmehr, dass man dieser Generation Jugendlichen *neu deutlich machen muss, wer Jesus ist und wie man eine lebendige Beziehung mit ihm führen kann*. Wenn junge Menschen nicht persönlich erkannt haben, wer Jesus Christus wirklich ist, werden falsche Sichtweisen und mangelnde Lebensveränderung weiterhin ihr Problem bleiben.

Während des zweiten Weltkrieges mussten viele Männer ihre jungen Familien verlassen und waren manchmal für Jahre von ihnen getrennt. Viele kleine Kinder wuchsen ohne ihre Väter auf. Der Vater der vierjährigen Sarah zog für mehr als zwei Jahre in den Krieg. Das kleine Mädchen konnte sich gar nicht mehr an ihn erinnern, aber seine Mutter tat alles, damit es ihn nicht vergaß. Sie erzählte Sarah, wie ihr Vater früher für sie alle sorgte, damit sie in einem Haus wohnen, sich Kleidung und Essen kaufen konnten. Sie las ihr Briefe von ihm vor, in denen stand, wie sehr er seine kleine Tochter lieb hatte. Dort schrieb er, dass Sarah sehr tapfer sein sollte, dass sie immer ihre Spielsachen aufräumen und der Mama beim Wäscheaufhängen helfen sollte. Er ermahnte sie, sich beim Spielen mit den Nachbarskindern zu vertragen und abends das Beten nicht zu vergessen.

Die Mutter nahm sich auch immer wieder Zeit, Sarah den Vater zu beschreiben – wie sehr er um sie besorgt war, wie treu und zuverlässig er seinen Dienst für seine Familie und sein Land tat. Die Tochter konnte spüren, dass die Mutter den Vater über alles liebte. Sarahs Mutter bereitete sie auf ein Leben mit ihm nach seiner Heimkehr aus dem Krieg vor.

Eines Tages kam die Mutter mit der Nachricht von seiner Rückkehr. Das kleine Mädchen war überglücklich. Es konnte es kaum erwarten, den Menschen mit eigenen Augen zu sehen, den es bisher nur von Bildern kannte. Nach seiner Landung auf dem Flughafen, lief Sarah ihrem Vater entgegen, um ihn in die Arme zu schließen. Sie konnte ihn liebhaben, weil sie ihn als jemanden kennengelernt hat, der sie selbst schätzte und liebte.

Als Gemeinde und Familien sollten wir genauso wie Sarahs Mutter handeln – unseren Kindern das wahre Wesen Gottes engagiert und lebendig vor Augen führen, damit sie in eine vertraute Beziehung mit ihm treten können. Niemand von uns weiß von sich aus, wie man eine lebendige Beziehung mit Jesus führt. Wir alle brauchen dafür Hilfe und Anweisung. Gleiches gilt auch für unsere Beziehungen zu unseren Mitmenschen. Harmonie in der Ehe muss sich auch erst entwickeln und wachsen. Ebenso weiß man nicht sofort, was die beste Kindererziehung ist. Alles ist ein Lernprozess – und wenn wir Jesus von ganzem Herzen nachfolgen wollen, ist das nicht anders. Wir müssen dann viel lernen und durch einen Wachstumsprozess gehen. Kindern und jungen Leuten muss man erklären, wer Gott wirklich ist, aber auch, wie sie als eine Lebensbeziehung mit ihm führen können. Wir alle sind gefragt, Jesu Anspruch für unser Leben zu folgen und eine tiefe Verbindung zu ihm aufzubauen. Da Jugendliche heute kaum noch ein richtiges Gottesbild haben und nicht wissen, wer und wie er ist, ruht ihr Glaube nicht auf festem Grund. Wir müssen sie daher wieder zu einer gesunden Glaubensbasis führen. Dazu gehört, dass wir ihnen zunächst einmal ein Vorbild sind und ihnen dann aufzeigen, was Gottes Wesen ist und was er dieser Generation bedeuten möchte.

Drei Grundsteine des Glaubens

Es gibt drei grundlegende Wesenszüge Gottes, die besonders deutlich offenbaren, wer er wirklich ist. Sie zeigen uns das Wesen Gottes zwar nicht in seiner ganzen Fülle, aber sie lassen uns die wesentlichsten Einblicke in sein Herz erkennen. Wenn wir diese drei grundlegenden Wesenszüge Gottes mit Herz und Verstand erfasst haben, erfordern sie jeweils eine Antwort von uns. Unsere Antwort ist entscheidend, denn nur so kann Jesus Christus in unser Leben kommen, um uns mit seiner Kraft zu verändern, uns einen Lebenssinn geben und zeigen, welchen Auftrag er für uns hat. Damit ist aber nicht Schluss. Es geht um ein kontinuierliches

Leben mit Jesus und um die ständige Vertiefung der Beziehung zu ihm. Das geschieht in einem geistlichen Reifeprozess, in dessen Folge Jesus in unserem Leben immer sichtbarer wird und wir unter der liebevollen Anleitung des Heiligen Geistes und mit Hilfe von Gottes Wort Jesu ähnlicher werden.

Wissen und Wachsen wirken dabei wie folgt zusammen: Wir begreifen Gott – verstehen seine Absicht. Dieses Wissen ist uns Motivation für eine enge Beziehung mit ihm. Dabei geht es nicht, wie angesprochen, um eine einmalige Entscheidung. Es geht vielmehr um ein Leben mit Jesus als dauerhafte Interaktion mit Gott, bei der wir Schritt für Schritt in das Bild Jesu umgestaltet werden.

In diesem Kapitel wollen wir zeigen, wie man Gott erklärend nahebringen und für eine Beziehung mit ihm werben kann. In den darauffolgenden Kapiteln werden wir uns damit beschäftigen, was das in der praktischen Umsetzung im Einzelnen bedeutet.

Grundstein 1:
Der Gott der Erlösung opferte sein Leben für uns

Im Gottesdienst haben wir das schon so oft gehört, dass wir meist gar nicht mehr realisieren, wie bedeutsam diese Tatsache ist: Der Gott, der das Universum erschaffen hat, kam zu uns auf die Erde. Er kam, um uns davor zu erlösen, ewig für ihn verloren zu sein. Für uns scheint das kaum nachvollziehbar, aber es ist die Wahrheit. Dieses Wissen, dass unser Gott ein Gott der Erlösung ist, lässt uns begreifen, wie sehr er uns bedingungslos liebt. Es ist überwältigend, dass der Herr für uns starb, obwohl wir Sünder waren. Die meisten Teenager haben leider nicht begriffen, wie groß das

Ausmaß unserer eigenen Sünde und unser menschliches Verschulden sind und wie unermesslich groß dagegen die Liebe aus Gottes Erlöserherzen ist. Jungen Leuten aus christlichem Hintergrund die Augen dafür zu öffnen, wie sehr es Gott am Herzen lag, uns zu erlösen, kann ihnen ein ganz neues Verständnis dafür wecken, wer Gott eigentlich ist.

Konsequenz 1
Unser Ja zum Erlösergott

Welche praktische Konsequenz hat es für uns, dass Gott uns ohne gute Vorleistungen erlöst hat, indem er auf die Erde kam, um für uns als Sünder zu sterben: »*Ich ermahne euch nun, durch die Erbarmungen Gottes, eure Leiber darzustellen als ein heiliges, Gott wohlgefälliges Opfer*« (Röm 12,1). Eine englische Bibelübersetzung formuliert diese Wahrheit in einer Frage: »Ist es zu viel verlangt, wenn ihr bedenkt, was er für euch getan hat«?

»Ist es zu viel verlangt?«[2] Auf diese Frage muss die Antwort lauten: »Wohl kaum.« Gott hat sich selbst geopfert, um uns zu retten. Unsere angemessene Antwort ist, dass wir uns auch ihm zur Verfügung stellen. Jesus sagte: »*Wenn jemand mir nachfolgen will, verleugne er sich selbst und nehme sein Kreuz auf sich täglich und folge mir nach. Denn wer sein Leben retten will, der wird es verlieren, wer aber sein Leben verliert um meinetwillen, der wird es retten*« (Lk 9,23-24). Wenn es uns gelingt, als Gemeinde und als Familie unseren Teenies und Jugendlichen vor Augen zu führen, wie sehr unsere Erlösung Gott am Herzen lag, verstehen sie mehr, warum man als lebendiges Opfer sich ihm weihen und mit einer derartigen Konsequenz nachfolgen soll.

Ich bin durchaus der Überzeugung, dass unsere modernen jungen Leute dem Ruf zur Lebenshingabe nicht verschlossen sind. Sie haben lediglich die leeren Werte eines Glaubens ohne persönliche Konsequenz durchschaut. Auch die verschiedenen Versuche, sie mit Unterhaltung im weltlichen Stil zu ködern, bringen nicht weiter. Diese Form des Christseins sagt den meisten nichts. Unsere Teenies müssen vielmehr von ihren Gemeinden geistliche Inhalte glaubhaft vermittelt bekommen, denn von falschen Werten und leerem Materialismus sind sie abgestoßen. Viele wollen sich gerne für etwas einsetzen – der Person etwas zurückgeben, die ihr Leben für sie geopfert hat.

Daher sollten wir ihnen aufzeigen, dass die Beziehung zu ihrem Erlöser drei wesentliche Konsequenzen hat: *stabiler Glaube, aufrichtige Anbetung und ein lebendiges Gebetsleben.* Damit wird in Kurzform umrissen, was es heißt, sein Leben als ein lebendiges Opfer hinzugeben. Es ist unsere angemessene Antwort auf das Werk des Erlösers, der für uns gestorben ist. In Kapitel 7 werde ich detailliert darauf eingehen.

Grundstein 2
Der Gott der Beziehung schenkte
uns seinen Geist und sein Wort

Gott hat uns dazu erschaffen, mit ihm in Gemeinschaft zu leben. Das scheint genauso unfassbar wie die Tatsache, dass er für uns persönlich gestorben ist. Deshalb sollten wir den Jugendlichen deutlich machen, dass Gott uns aus dem einzigen Grund erschaffen hat, damit wir mit ihm in einer wundervollen, persönlichen Beziehung leben. Es mag schwer begreifbar zu sein, dass es für

Gott, dem Schöpfer dieser Welt, die größte Freude war, mit Adam und Eva in enger Gemeinschaft im Garten Eden zu leben. Aber dem ist so. Genau das einstige Miteinander wünscht er sich heute mit jedem von uns. Wir müssen den Jugendlichen verständlich machen, dass Gott antwortet, wenn wir ihm vertrauen, ihn anbeten und ihn zu bitten. Gott ist ein Gott der Beziehungen, und daher hat er uns seinen Geist und sein Wort gegeben, damit wir ihn persönlich kennenlernen. Dadurch will er uns so nah sein, dass er buchstäblich in uns lebt und durch unser Leben sichtbar wird. Gottes Wort und sein Heiliger Geist ermöglichen unsere Lebensbeziehung mit ihm. Gleichzeitig wird der Sinn unseres Lebens deutlich, wenn wir entdecken, wie sehr Gott Beziehungen am Herzen liegen. Die Jugendlichen müssen deshalb verstehen lernen, dass Gottes Wort und der Heilige Geist ihnen die Kraft schenken, die sie brauchen, um Jesus Christus immer ähnlicher zu werden.

Konsequenz 2
Unser Ja zu einem Gott, der in Beziehung treten will

Wenn junge Leute mit christlichem Hintergrund begriffen haben, dass Gott mit ihnen in Beziehung leben will und dass es um ein enges und wachsendes Miteinander geht, gilt es, ihnen zu helfen, das auch Wirklichkeit werden zu lassen. In Kapitel 8 wollen wir konkretisieren, dass auf Gottes Geist und sein Wort zu hören heißt, *Nächstenliebe zu üben und Christusnachfolge zu leben.*

Anhand von Studien gelang es uns zu belegen, dass für moderne junge Menschen Beziehungen eine nie dagewesene große Rolle spielen und sie sehr viel Wert auf Kontakte und

Freundschaften legen.[1] Freunde haben einen ganz hohen Stellenwert. Was für gewaltige Folgen mag es haben, wenn sie erst einmal begreifen, dass Gott genau daran interessiert ist. Der Schöpfer des Universums wünscht sich über alles, dass junge Menschen in harmonischen Beziehungen leben und die richtigen Entscheidungen in ihrem Leben treffen. Das eröffnet die großartige Möglichkeit für uns, ihnen von Gott zu erzählen. Man kann es mit einem Lagerfeuer vergleichen, das nur auf das Streichholz wartet, das es anzündet.

Grundstein 3
Der Gott der Wiederherstellung
schenkt uns seinen Leib (die Gemeinde)

Manchmal sind wir so sehr in den Systemen, Regeln, Gepflogenheiten und anderen äußeren religiösen Traditionen gefangen, dass wir ganz vergessen, worum es Gott eigentlich ging. Sein ganzes Anliegen in all seinem Tun in der Vergangenheit und in der Zukunft ist von dem Gedanken getragen, alles wieder so herzustellen, wie es ursprünglich sein Plan war. Er ist der Gott der Wiederherstellung. Er möchte, dass alles wieder so wie im Garten Eden ist. Er möchte diese persönliche Beziehung mit uns wiederherstellen, die durch Adams und Evas Sünde verlorengegangen ist. Er möchte die wunderschöne Welt, die er geschaffen hat, von Kummer, Leiden, Krankheit und vom Tod befreien. Er möchte seine Kinder, die er verloren hat, wieder zu sich zurückbringen, so dass sie das Glück erleben dürfen, das er für sie vorgesehen hat. Dafür hat er uns seinen Leib, die Gemeinde, als Mittel der Wiederherstellung gegeben »... *dass Gott in Christus war und die Welt mit sich selbst versöhnte, ihnen ihre Übertretungen nicht zurechnete und in uns das Wort der Versöhnung gelegt hat«* (2Kor 5,19).

Konsequenz 3
Unser Ja zu Gott, der alles wiederherstellen möchte

Wenn Jugendliche verstanden haben, dass Gott alles wieder so herstellen möchte, wie es eigentlich gedacht war, fällt es vielen leichter, seinem Ruf zu folgen. Er will sein Reich zuerst in den Herzen von Frauen und Männern aufrichten und schlussendlich einen neuen Himmel und eine neue Erde schaffen. Sie sollen dazugehören. Im neunten Kapitel möchten wir zeigen, wie wir Jugendliche unterstützen können, dass sie sich dem geistlichen Kampf stellen und geistlich wachsen. Wir sind nämlich davon überzeugt, dass sie sich nach der Gelegenheit sehnen, das Vaterunser in die Praxis umzusetzen: *»Unser Vater, der du bist in den Himmeln, geheiligt werde dein Name, dein Reich komme, dein Wille geschehe, wie im Himmel so auch auf Erden«* (Mt 6,9-10).

Auf den richtigen Grundsätzen bauen

Dieser Generation zu helfen, wahre Nachfolger Jesu zu werden, ist sicherlich keine einfache Aufgabe. Dennoch sind die sogenannten *Basics* einfach umrissen: *Es gilt, ihnen Gott nahezubringen, wer er wirklich ist (ein Gott der Erlösung, der Beziehungen und der Wiederherstellung) und ihnen den Weg zeigen, wie sie seinen Anspruch umsetzen sollen durch ein Leben (1) des Glaubens (2)*

der Anbetung (3) des Gebets (4) der Nächstenliebe (5) mit Ent-
scheidungen nach Gottes Willen (6) mit geistlichem Kampf (7) und
christlichem Zeugnis.

Wenn wir uns das vornehmen, können wir eine nachfolgende Generation mit veränderten, zielbewussten, missionarischen Nachfolgern heranbilden. Mit Nachfolgern, die wissen, warum sie glauben und wie sie diesen Glauben ausleben. Am Schluss des Kapitels werden wir diese Ziele noch einmal in Form einer Tabelle aufzeigen und beschreiben, welche beeindruckenden Ergebnisse möglich sind, wenn eine Generation innerlich gefestigt in den Strömen des Zeitgeistes besteht.

Herz und Verstand erreichen

Es wird nicht leicht sein, die falschen Ansichten der Jugendlichen über Gott, Wahrheit, Wirklichkeit und Gemeinde wieder zurecht-zurücken. Wir erreichen das nicht, wenn wir versuchen, einseitig nur ihr Herz oder nur ihren Verstand zu erreichen. Wir kommen nicht weit, wenn wir ihnen nur rational Glaubenstheorien weitergeben, ohne auf die Erfahrung persönlicher Beziehung zu Jesus einzugehen. Genauso kurzsichtig wäre es, wenn wir die Jugendlichen nur emotional ansprächen, und die Wahrheit des Glaubens an einer subjektiven Erfahrung festmachten, bei der Jesus, die Wahrheit in Person, keine Rolle spielt. Vielmehr geht es um ein harmonisches Zusammenwirken von Herz und Verstand. Es ist falsch, wenn hier die Ausgewogenheit verloren geht, indem eine Seite zu sehr betont wird. So riskieren wir, dass die Verkündigung für die Jugendlichen bedeutungslos wird.

Einige haben mein persönliches Zeugnis missverstanden und dachten, ich hätte nur deswegen zu Jesus gefunden, weil ich genügend Beweise für den Glauben hatte. Dem war nicht so. Gott hat mir durch einige Christen seine Liebe gezeigt, und durch diesen Kontakt fand ich zu Jesus. Ich konnte so begreifen, dass Jesus auch dann für mich gestorben wäre, wenn es außer mir keinen Menschen auf dieser Erde gegeben hätte. Alles, was ich bis dahin erlebt hatte, hatte mich zynisch und misstrauisch werden lassen. Ich war damals davon überzeugt: Selbst wenn es einen Gott gäbe, würde er mich nicht lieben. Überhaupt liebte mich niemand (außer meiner Mutter, aber sie war schon vor etlichen Jahren gestorben). Die Beweise für Jesus ließen mich begreifen, dass er wirklich lebte und alle seine Behauptungen wahr sind: Er war wirklich der Sohn Gottes, der sein Leben für mich gegeben hatte. Der Heilige Geist nutzte meinen Verstand, um mir Jesu Liebe deutlich zu machen. Das alles brachte mich dazu, das aus Liebe geschehene Opfer Jesu für mich persönlich in Anspruch zu nehmen. Diese Liebe wurde für mich erfahrbare Wirklichkeit, als ich mich Jesus als Erlöser anvertraute.

Einige sind der Meinung, dass die Jugendlichen Jesus lediglich erleben müssen. Das sei dann ausreichend, um sie davon zu überzeugen, dass es sich um Wahrheit handelt. Zusätzlich ihren Verstand anzusprechen sei nicht notwendig. Man könnte es auch so ausdrücken: »Sie werden wissen, dass es stimmt, wenn sie es persönlich erlebt haben.« Aber anstatt das Problem zu lösen, macht man es so nur noch größer.

Die jungen Leute gründeten dann die Echtheit ihrer Erfahrung lediglich auf die Erfahrung selbst, aber das ist der völlig falsche Wahrheitsansatz. Die Erfahrung hätte dann keinen objektiven

Bezug, um ihre Gültigkeit zu belegen. Logiker nennen das einen Zirkelschluss – ein falscher, kreisläufiger Erkenntnisprozess, bei dem die Schlussfolgerung als Grundlage des Arguments gilt. Wir sind als Menschen nicht dafür geschaffen worden, unser Wissen nur aus unseren Erfahrungen zu ziehen, ohne den Gebrauch unseres Verstandes. Andererseits findet Gott auch keinen Gefallen daran, wenn wir der Wahrheit nur mit unserem Verstand zustimmen ohne die Wahrheit Gottes durch Jesus Christus persönlich zu erfahren. Er hat uns vielmehr so geschaffen, dass wir ihn mit unserem Verstand, aber auch durch persönliche Erfahrung erkennen.

Es gilt, unsere jungen Leute dahin zu führen, dass sie die Bedeutung echter Wahrheit begreifen. Die Wahrheit bleibt nämlich wahr, unabhängig davon, ob man an sie glaubt oder nicht.

Eine junger Bibelschulstudent schrieb mir im Anschluss an meinen Vortrag über die Ansprüche Jesu:

»Schon als kleiner Junge war ich gläubiger Christ. Man hat mir beigebracht, dass ich wissen kann, ein Kind Gottes zu sein, weil Jesus immer bei mir ist. Ich hatte aber mit starken Zweifeln zu kämpfen, weil er oft nicht in meinem Leben spürbar war. Es hat mir geholfen, dass du heute davon gesprochen hast, dass Gott auch da und *real ist, wenn wir* nichts *von ihm spüren.*«

Es ist eine wunderbare Erfahrung, die Gegenwart Jesus zu erleben. Aber dennoch können Gefühle schwanken. Sie kommen und gehen. Die Wirklichkeit wird sich jedoch nicht verändern, unabhängig davon, wie man sie im Moment empfindet. Daher ist es wichtig, den realen Jesus in unserem Verstand wie auch in unseren Emotionen oder Gefühlen zu erfassen. Genau das gibt uns Halt in Glaubenstiefs, wenn wir nicht spüren, dass Gott da ist und er uns fern scheint. Dann können wir aus der Tatsache Kraft schöpfen, dass er wirklich lebt und seine Aussagen über seine Person stimmen. Der Heilige Geist nutzt unseren Verstand, damit wir begreifen, dass unsere geistlichen Erfahrungen wahr sind. So realisierte der junge Mann, dass das Herz sich nicht über etwas freuen kann, was der Verstand ablehnt. Erst als er die Realität Jesu mit seinem Verstand erfassen konnte, erlebte er Glaubenswachstum. Sein neugewonnener wissender Glaube konnte ihn von da an durch Zeiten ohne große emotionale Glaubensgefühle tragen, und er konnte von ihm zehren. Christliche junge Leute sind empfänglich für jeden religiösen Wind, der über das Land fegt. Sie sind in geistlicher Gefahr, wenn wir sie nicht in einem wissenden Glauben festigen können, der von der Beweiskraft Jesu und seines Wortes getragen wird.

Wer der Meinung ist, dass der wissende Glaube in unserem postmodernen von Gefühl und Erfahrung dominierten Zeitalter keine Rolle mehr spielt, sollte dies bedenken: In einer jüngeren US-Studie mit Namen *Nationale Studie für Jugendreligion* gaben Tausende von nichtreligiösen Teenagern an, zwar »religiös« erzogen worden zu sein, aber sich nun als »Atheisten« bzw. »Nichtreligiöse« zu bezeichnen. Man fragte sie zudem: »Warum habt ihr euch von dem Glauben abgewandt, in dem ihr erzogen worden seid?« Dabei wurden ihnen keine vorgegebenen Antworten zur Wahl gestellt, vielmehr sollten sie sich frei dazu äußern. Die häufigste Antwort (32% der Befragten) lautete: intellektuelle Bedenken.[2] 32% ist in der Tat eine hohe Zahl, wenn man bedenkt, dass es sich um eine ergebnisoffene Frage handelte.

Darunter befanden sich Antworten wie: »Es war mir nicht schlüssig.« »Einiges ist für mich so weit hergeholt, dass ich nicht daran glauben kann.« »Mir fehlen die wissenschaftlichen Beweise.« »Es gibt zu viele offene Fragen.«

Unsere moderne Gesellschaft hat keine Antworten auf die religiösen und ethischen Fragen bereit, die diese Generation stellt. Vielmehr denken die meisten modernen Menschen, dass man für religiöse Fragen den Verstand nicht braucht – sondern nur glauben muss. Entgegen dieser postmodernen Behauptungen heißt es, klare Antworten auf die geistlichen Fragen zu liefern. Junge Leute begrüßen es, wenn man auf ihre Bedenken und Zweifel hinsichtlich der Wahrheit des Glaubens eingeht. Leider ist es uns offensichtlich bisher nicht ausreichend gelungen, sowohl persönliche Erfahrungen als auch intellektuelle Beweise des Glaubens ausgewogen nebeneinander zu präsentieren. Wenn nämlich die überzeugende Weitergabe der objektiven Wahrheit von Jesus an diese Generationen Hand in Hand mit gelebtem Glauben geht, ist das immer noch so wirkungsvoll wie eh und je. Darüber hinaus ist es in einer Zeit postmoderner Überbetonung von Erfahrung wichtiger denn je, auf eine gesunde Balance von beiden hinzuwirken.

Jesus, unser vollkommenes Beispiel, machte deutlich, dass der Glaube aus Erfahrung und Erkenntnis besteht, als er seinen Jüngern sagte:

»Glaubst du nicht, dass ich in dem Vater bin und der Vater in mir ist? Glaubt mir um der Werke selbst willen. Der Heilige Geist, den der Vater in meinem Namen senden wird, wird euch in alle Wahrheit leiten. Ich habe es euch gesagt, ehe es geschieht, damit ihr glaubt, wenn es geschieht« (Joh 14,10ff).

Der auf Erkenntnis basierende Glaube, zu dem die Jünger in diesem Abschnitt aufgerufen werden, stellt nicht etwa den Verstand über die Offenbarung. Vielmehr ist Jesus Inbegriff der Wahrheit. Dabei wird deutlich, wie sehr er wünscht, dass wir wissen, was und an wen wir glauben. Schließlich hat er uns mit rationalem Denken ausgerüstet. Wenn wir unseren Verstand gebrauchen, um die Gottheit Jesu oder die Zuverlässigkeit der Heiligen Schrift zu belegen, bedeutet das keine Abstriche auf der Erfahrungsebene oder bei der gleichzeitigen engen Gemeinschaft mit Jesus und anderen; vielmehr kommt es zu einer Stärkung.

Diesen von Verstand und Herz bestimmten Erkenntnisweg der Wahrheit Gottes nennen wir auch *beziehungsorientierte Apologetik*. Durch Jesus mit Gott in Verbindung zu treten, geschieht in einem Prozess mit organisch aufeinanderfolgenden Schritten: 1. *erkennen*, wer Gott wirklich ist und warum wir an ihn glauben. Das wiederum führt 2. zum *Hören*, wie man in eine lebendige Beziehung zu ihm kommt, um 3. zu *erfahren*, was man glaubt.

Weg vom »Anpredigen« hin zum »Begleiten«

Viel zu oft gehen wir mit den Jugendlichen ein christliches Thema nach dem anderen in einer Art und Weise durch, dass das Christentum gar keinen Zusammenhang für sie ergibt. Dadurch besteht die Gefahr, dass sie gar nicht die Verbindung zwischen den einzelnen Themen und der lebendigen Beziehung zu Gott sehen, die das Christentum eigentlich ausmacht. Wir neigen dazu, ihnen zum Beispiel Vorträge über richtiges Verhalten und Kurse über Partnerschaft, Sexualität, Drogen, Gruppendruck in der Schule etc.

anzubieten. Wenn wir diese Themen behandelt haben, meinen wir: »Wir haben es ihnen gesagt, und sie wissen Bescheid.« Es scheint, als wäre es unser Ziel, den Jugendlichen zu jedem einzelnen Thema Regeln vermitteln, wie sie sich richtig verhalten sollen und was korrekt ist. Leider gelingt es uns nicht, deutlich zu machen, dass alle Verhaltensregeln in Verbindung mit der Beziehung zu Jesus gebracht werden müssen. Dann ist die Motivation eine ganz andere, sie auch zu befolgen. Denn Regeln müssen immer mit einer liebevollen Beziehung in Zusammenhang gebracht werden. Andernfalls besteht die Gefahr, dass die Jugendlichen den Eindruck bekommen, dass es als Christ lediglich auf äußerliches Wohlverhalten ankommt. Genau das trägt zu ihrer Fehlsicht über den christlichen Glauben bei.

Wenn sich ein Ehepaar nur immer im Rahmen von Seminaren oder Gruppen treffen würde, um sich nur in diesem Kreis ihre gegenseitige Liebe auszudrücken, dann wäre das auch etwas komisch. Sie sitzen dort nebeneinander, schauen sich in die Augen, singen sich vielleicht gemeinsam Lieder und hören gemeinsam zu, wie jemand Vorträge über Ehe und Familie hält. Doch angenommen am Ende der Veranstaltung würde das Ehepaar getrennte Wege gehen und sich erst beim nächsten Gruppentermin wiedersehen: Wäre das nicht total seltsam? So etwas würde man niemals eine Liebesbeziehung nennen. Die Verhaltesnregeln, Lieder und Treffen verfehlten dann den eigentlichen Sinn. Was sollten sie dem Ehepaar bringen, und warum sollte es sie befolgen? Einen ganz ähnlichen Eindruck bekommen die Jugendlichen leider vom Christsein durch die Art und Weise, wie wir ihnen das Evangelium vorstellen.

Christ zu sein bedeutet nicht, dass wir vor allem genau lernen, wie wir uns richtig zu verhalten haben. Es geht darum, dass wir Jesus

Christus kennenlernen und in eine Lebensbeziehung mit ihm eintreten, die unser Leben verändert. Damit einher geht ein Prozess, in dessen Verlauf diese Beziehung immer tiefer wird und wir Jesus immer mehr lieben lernen. In der Folge nehmen wir als Kinder Gottes den Charakter und die Wesenszüge unseres Vaters und seines Sohnes Jesus an und diese werden in unserem Leben sichtbar. Es bedeutet, dass wir in solch einer engen Verbindung mit Gott stehen, dass sein Wesen auch unser Verhalten zu anderen Menschen prägt. Erst in diesem Zusammenhang erkennen wir die Bedeutung der Regeln und sind motiviert, sie ernst zu nehmen und ihnen zu gehorchen.

Um dieses Ziel zu erreichen, gilt es, die Art und Weise unseres geistlichen Dienstes radikal zu überdenken. In den Augen unserer Teenies stellt sich Gemeinde oft so dar, als seien Strukturen sehr wichtig. Man scheint oft mehr mit Events und guter Präsentation des Evangeliums für die Besucher beschäftigt zu sein, anstatt Menschen durch persönliches Engagement in eine lebendige Beziehung mit Gott zu bringen. Doch dieses alte Modell zieht bei den jungen Leuten nicht mehr und spricht sie nicht mehr an. Daher ist die Hinwendung zum *missionalen Gemeindemodell* so wichtig, das den geistlichen Veränderungsprozess zum Anliegen hat. Hier soll es darum gehen, dass sie einen persönlichen Gott kennenlernen, ja zu ihm sagen, um in das Bild seines Sohnes umgestaltet zu werden (Röm 8,28-29).

Die missionale Gemeinde

Was versteht man unter *missionaler Gemeinde?* Zu allererst ist darin der Begriff *Mission* enthalten. Unsere Mission ist es, die in diesem Buch beschriebenen Anliegen in die Tat umzusetzen: Auf der Grundlage eines gesunden und biblischen Gottesbildes gilt es, jungen Leuten aus christlichem Hintergrund zu zeigen, wie sie eine lebendige, wahrhaftige Beziehung mit ihm führen können. Wir sind der Überzeugung: Wenn ein Mensch Gott wirklich begreift – wie er ist, und was er uns bedeutet – fällt es ihm leichter, sich ihm anzuvertrauen.

Wenn es uns gelingt, unseren Jugendlichen Jesus Christus in seiner ganzen Fülle zu zeigen, wer er ist und was er für uns getan hat, wie er sehr er uns liebt und wie sehr er sich danach sehnt, alles wieder so herzustellen, wie es einmal war, müssen wir sie nicht dazu mit schmeichelnden Worten überreden, ihm eine Antwort darauf zu geben. Niemand wird sie davon abhalten können. Dann ist auch ihr Antrieb, mit Jesus zu leben, ein ganz anderer. Auf den restlichen Seiten des Buches wollen wir noch einmal hervorheben, was wir in diesem Kapitel kurz angerissen haben. Wir möchten einen biblischen Entwurf darlegen, der nicht nur als Hilfe für die jetzige Generation ausgelegt ist, sondern auch den darauffolgenden dienen kann, und damit unseren Teil zur Lösung des Problems beitragen.

Als Team (dies war auch mein lebenslanges Bestreben) möchten wir gerne mit ihnen gemeinsam auf dieses Ziel hinarbeiten (mit den Gemeinden und den Familien). Wir möchten Material und Ermutigung liefern, damit es möglich ist, eine Generation von veränderten, jungen Menschen mit einer Vision für ihr Leben heranzubilden, die ein missionarisches Herz hat. Wir möchten, dass sie auch wissen, was sie glauben und wie sie ihren Glauben leben sollen. Unser Gebet ist, dass uns dies mit Gottes Hilfe gelingt. Und wenn uns das gelingt, dann können das diese und auch weitere Generationen auf ungeahnte Weise persönlich nach vorne bringen.

Auf festen Grundsteinen bauen

Dieser Generation Gott so vorstellen, wie er wirklich ist:

Der Gott der Erlösung	Der Gott der Beziehung	Der Gott der Versöhnung
Er opferte sein Leben, um uns zu erlösen.	Er gab seinen Geist und sein Wort, um mit uns eine Beziehung zu führen.	Er besiegte den Tod und gab uns die Gemeinde, um sein Reich zu bauen.

Diese Generation zur Entscheidung
für ein Leben in der Nachfolge führen. Dazu gehören:

1. Glaube 2. Anbetung Gottes 3. Gebet	4. Nächstenliebe 5. Fragen nach Gottes Willen	6. Geistlicher Kampf 7. Geistliches Zeugnis

Sie befähigen, in wichtigen Fragen auch gegen
den Trend der Gesellschaft klar Stellung zu beziehung

• Rettung durch die Gnade mittels des Glaubens • Anbetung als Lebensstil • allgemeingültige Wahrheit und vernünftiger Glaube • falsche Vorstellungen über Gebet korrigieren und ein Gebetsleben entwickeln • Gottes Willen für mein Leben erkennen • ein gesundes Selbstbild entwickeln • meinen Platz im Leben finden und ausfüllen • meine Gaben erkennen und einsetzen	• die Bibel verstehen • den Sinn meines Lebens entdecken • wissen, wie man Gruppendruck und falschen Einflüssen widersteht (z.B. sexuellen Anfechtungen, Alkohol, Drogen, Sucht etc). • durch die Kraft des Heiligen Geistes zur Ehre Gottes leben • Sozialkompetenz entwickeln • Partnersuche, Umgang mit dem anderen Geschlecht • mit den Eltern auskommen	• die richtigen Entscheidungen treffen • eine biblische Weltsicht entwickeln • meinen Auftrag im Leben entdecken • erkennen, wie sehr Gemeinschaft und Einheit in einer Gruppe die Welt verändern können • für den geistlichen Kampf ausgerüstet werden • den Glauben bezeugen und andere im Glauben weiterführen.

Zweiter Teil

Ideen, um wieder ein gutes Fundament für den christlichen Glauben zu legen

Kapitel 7
Umdenken in unserer christlichen Unterweisung

»Hanna, Rabban, Elazar, kommt herbei«, rief Miriam. »Es ist Zeit, Kinder!« Sie versammelte ihre Kinder in einem nur durch Kerzenlicht erleuchteten Zimmer.

»Wir müssen überall suchen«, sagte ihr Mann Ari, der ihr am Morgen geholfen hatte, Stücke des *Chametz'* (gesäuertes Brot) im Haus zu verstecken. »Eure Aufgabe ist es, jedes Stück des *Chametz'* im Haus zu finden, denn morgen wollen wir sie verbrennen.«

»Vater«, fragte die vierjährige Hanna, »was soll ich tun, wenn ich ein Stück gefunden habe?«

»Hier«, wandte er sich zu ihr und reichte Hanna eine Feder und einen Löffel, »leg sie dort hinein und bring sie mir wieder. Wir werden sie in Vorbereitung auf das Passahmahl, verbrennen.«

»Zuerst aber«, fuhr Ari fort, »müssen wir den Segen sprechen.« Er räusperte sich und fing an zu beten. »Gepriesen bist du, Herr, unser Gott, Herrscher des Universums, der uns durch seine Gebote geheiligt hat, der uns geboten hat, alles *Chametz* zu beseitigen.«

»Jetzt!«, sagte Miriam in einem spielerischen Ton. »Lasst uns das ganze *Chametz* finden.« Die zwei Jungen rannten von einem Raum zum anderen und suchten akribisch, Hanna blieb jedoch zurück.

»Darf ich die große Frage in diesem Jahr wieder stellen?«, fragte das kleine Mädchen. »Ja, du bist die Jüngste, und du darfst die große Frage stellen.« Am Ende des Abends war das Spiel zu Ende, und jedes Stückchen des *Chametz'* war im Haus gefunden worden. Am nächsten Morgen wurde das *Chametz* verbrannt.

Bei Sonnenuntergang kamen vier andere Familien zu Ari und seiner Familie, um das Sedermahl zusammen zu feiern. Nachdem jeder seinen Platz am Tisch gefunden hatte, stand Ari auf, und Hanna beobachtete ihn erwartungsvoll, als der Segensspruch (*Kiddusch*) über den ersten Becher Wein ausgesprochen wurde. Danach nahm jeder an der Waschung der Hände und dem Tunken des *Karpas* (Eintauchen des Grünkrauts in Salzwasser) teil.

Ari lehnte sich über den Tisch und nahm die mittlere der drei Matzen und halbierte sie. Das kleinere Stück legte er auf eine Platte, das größere Stück wickelte er in eine Serviette und legte es zur Seite als das *Afikoman*, jene Matze, die zum Schluss gegessen wurde.

»Das ist das Brot des Bundes, das unsere Vorfahren in Ägypten gegessen haben«, sagte Ari. »Ich möchte jeden einladen, der hungrig ist, daran teilzuhaben. Dieses Jahr sind wir Sklaven, nächstes Jahr werden wir frei und im Land Israel sein.« Er setzte sich nieder und schaute die kleine Hanna an, lächelte und nickte ihr zu. Hanna stand auf, räusperte sie sich, und fragte: »Warum ist diese Nacht so anders?« Jeder lächelte ihr anerkennend zu. Rabban, Hannas Bruder, sagte: »Jede andere Nacht, essen wir alle möglichen Sorten Brot und Gebackenes, Gesäuertes und Ungesäuertes. Warum essen wir nur heute Abend Matzen?«

Benjamin, ein anderer Mann am Tisch, antwortete aufs Stichwort: »Wir essen Matzen, um uns daran zu erinnern, dass sich der Herr unseren Vorfahren offenbarte und sie erlöste, noch bevor bei ihnen der Brotteig säuern konnte.«

»Und sie backten den Teig, den sie aus Ägypten gebracht hatten, zu ungesäuerten Brotfladen; denn er war nicht gesäuert, weil sie aus Ägypten weggetrieben worden waren und nicht länger hatten warten können; so hatten sie auch keine Wegzehrung bereitet« (2Mo 12,39).

Der Abend schritt voran mit dem Beantworten von vier Fragen, Singen, aufgesagten Gebeten und Essen. Jeder am Tisch trug auf irgendeine Weise dazu bei. Denjenigen, die schon wussten, was als Nächstes kommen würde, konnte man manchmal die Vorfreude darauf anmerken. Die Aufmerksamkeit der jüngeren Kinder blieb ebenfalls erhalten, weil sie sich selbst einbrachten und weil Reden und Handlungen einander abwechselten. Ari beendete schließlich die Feier.

»Lasst uns ein letztes Lied singen«, sagte er, »mit freudigem Herzen, denn wir kennen das Ende. Alle stimmten das Lied an: »Da kam der Allheiligste, gelobt sei er, und er erschlug den Todesengel, welcher ergriffen den Schlächter ...« Als das letzte Wort des Liedes gesungen worden war, lächelten alle einander freundlich an, und man rief gemeinsam: »Nächstes Jahr in Jerusalem!«[1]

Das hebräische Unterweisungsmodell

Das Passahfest wird von jüdischen Familien seit Jahrhunderten gefeiert, um ihren Kindern die Geschichte des Auszuges aus Ägypten zu verdeutlichen, die Geschichte des Gottes der Erlösung. Für jüdische Familien ist die *Haggada* (Erzählen) daher weit mehr als eine biblische Geschichte oder ein geschichtliches Ereignis. Sie bringen damit ein Stück ihrer Identität zum Ausdruck. Sie drücken aus, wer sie sind, woher sie kommen und liefern das Bild einer bestimmten Lebensweise, die ihr Jüdischsein umfasst wie auch ihr Leben und Handeln in der normalen Alltagswelt. Durch diese Feste, Rituale und Nacherzählungen beschäftigen sich Juden nicht nur mit der Lehre, wer Gott ist und in welcher Beziehung sie zu ihm stehen, sondern sie verdeutlichen auch, was ihre besondere Identität ausmacht und worauf ihr Leben und ihr Verhalten gegründet sind.

Mose bekräftigte diese Praxis vor Jahrtausenden mit seiner Erklärung:

»Höre, Israel: Der HERR ist unser Gott, der HERR allein! Und du sollst den HERRN, deinen Gott, lieben mit deinem ganzen Herzen und mit deiner ganzen Seele und mit deiner ganzen Kraft. Und diese Worte, die ich dir heute gebiete, sollen in deinem Herzen sein. Und du sollst sie deinen Kindern einschärfen, und du sollst davon reden, wenn du in deinem Hause sitzt und wenn du auf dem Weg gehst, wenn du dich hinlegst und wenn du aufstehst. Und du sollst sie als Zeichen auf deine Hand binden, und sie sollen als Merkzeichen zwischen deinen Augen sein, und du sollst sie auf die Pfosten deines Hauses und an deine Tore schreiben« (5Mo 6,4-9).

Mit diesen Worten formulierte Mose nicht nur eine theoretische Wahrheit, sondern umriss auch die gelebte Wahrheit – ein Lebensstil. Mose rief sein Volk zur Ortho*doxie* (zum richtigen Glauben) und auch zur Ortho*praxie* (zum richtigen Handeln) auf.

Im Vergleich wird deutlich, dass unsere gesamte moderne Erziehung, die auch weitgehend in den Gemeinden und christlichen Schulen zur Anwendung kommt, mit Lehrformen arbeiten, die auf dem hellenistischen Modell der Erziehung basieren. Die Griechen haben unser heutiges Denken von Erziehung und das Vermitteln von Wissen und Wahrheit stark geprägt. Dieses hellenistische Modell sieht vor, dem Schüler logische und rationale Wissensgebäude zu präsentieren, die er lernen muss. Um zu bestimmen, ob der Schüler das Thema verstanden hat, muss er die Lerninhalte vor dem Lehrer nochmals wiederholen. Diese Form nennt man Test. Wenn der Schüler das Gelernte präzise reproduzieren kann, hat er den Test bestanden und gilt als »unterrichtet«.

Das hebräische Modell der Erziehung unterscheidet sich deutlich vom hellenistischen, wie man an der eben beschriebenen Sederzeremonie erkennen kann. Hier ist das Ziel nicht das Auswendiglernen von vorgegebenen Fakten, sondern (so wie es Mose verdeutlicht hat) es geht darum, Lehre zu leben. Bei diesem Ansatz soll Wahrheit Veränderung bewirken, und sie wird dem Lernenden über die Lebenspraxis beigebracht. Nach dem hebräischen Modell hat der Schüler also nicht dann etwas gelernt, wenn er es wiederholen kann, sondern wenn es im Leben des Schülers sichtbar wird. Der Test wird vielmehr im wahren Leben bestanden. Die Frage lautet deshalb nicht: »Hat er es geschafft, die Information korrekt zu lernen?«, sondern: »Wie hat die Wahrheit den Schüler in seinem Verhalten und in seinen Einstellungen verändert?«

Selbstverständlich hat sich das hellenistische Model in etlichen Bereichen bewährt. Bei mathematischen oder naturwissenschaftlichen Fakten und Gesetzen ist es ja auch gar nicht beabsichtigt, das Leben einer Person zu verändern. Doch bei Wahrheiten über Gott und seine Wege zeigt das hellenistische Modell, das viele Gemeinden für ihre Verkündigung und biblische Unterweisung verwenden, große Unzulänglichkeit. Wenn wir das Christentum als eine Sichtweise darstellen, die eher auf einer rationalen Ebene diskutiert, debattiert und bewiesen wird und weniger auf Veränderung abzielt, werden wir auch zukünftig wenig Veränderung im Leben der Jugendlichen beobachten können. Wenn wir dieser Generation zeigen wollen, wer Gott wirklich ist und wie sie sich ihm anvertrauen können, müssen wir unseren Kindern Ortho*praxie* und Ortho*doxie*, das rechte Handeln wie die rechte Lehre, vermitteln. (Genau das ist es, was Mose Gottes Volk aufträgt.) Es gilt, die kommende Generation auf eine Art und Weise durch den Glauben zu prägen, die mehr auf dem hebräischen als auf dem hellenistischen Modell fußt. Außerdem ist es unsere Aufgabe, einen geistlichen Reifeprozess voranzutreiben, der nicht nur die Wahrheit erklärt, sondern sie auch praktisch macht und Hilfen für die Umsetzung gibt. Sie muss im Alltag in den Beziehungen zu Gott und zu anderen Menschen erkennbar sein.

Um diese lebensnahe Lernmethode anzuwenden, eignet sich die Interaktion, die auf die Antwort der Jugendlichen abzielt.

Wir sollten ihnen nicht mehr allein abstrakte, theologische Fakten über Gott vermitteln, die sie auswendig lernen können. Wir müssen ihnen in Lernschritten begreiflich machen, wer der

Gott ist, der mit ihnen persönlich in Verbindung treten will. Dabei geht es nicht darum, die Jugendlichen über ihre Köpfe hinweg mit Wissen zu überhäufen, sondern nachhaltig ihr Leben zu prägen, so dass sie Veränderung erleben. Und genau das ist es, was Gott als Gott der Erlösung, Beziehung und Wiederherstellung will.

Kapitel 8
Den Gott der Erlösung nahebringen

»Bist du Christ?«, fragte ich.

»Ja«, antwortete Alison. Mit dabei waren ihre beiden fünfzehnjährigen Klassenkameraden.

»Wie bist du denn Christ geworden?«, bohrte ich weiter.

»Also, ich bin bei einem Gottesdienst nach vorne gegangen, habe gebetet und so«, erwiderte das junge Mädchen mit breitem Lächeln auf meine Frage.

»Woher weißt du denn, dass du Christ bist?«, hakte ich nach.

»Ich nehme doch keine Drogen oder Ähnliches«, kam es von ihr leicht gereizt. »Ich gehe zur Jugendgruppe, ich bin für meine Freunde da und bemühe mich, meinen Eltern keinen Ärger zu machen. Ich bin doch kein schlechter Mensch!«

Diese Haltung ist typisch für die meisten jungen Menschen. Viele haben sich irgendwann zum Glauben bekannt, aber nur ganz wenige haben wirklich den Kern von Gottes Erlösung begriffen oder eine Lebensveränderung erfahren. Anstatt lediglich dazu aufzufordern nach einer Predigt nach vorne zu kommen und an

Jesus zu glauben, sollten wir jungen Menschen die Person Jesu als Erlöser verständlich machen, damit sie seinen Erlösungsplan begreifen. Sie brauchen Anleitung und Begleitung, wie man darauf antworten kann. Viele sind nämlich der Ansicht, dass die Erlösung das Ergebnis des subjektiven Glaubens des Einzelnen ist. Doch das wäre eher ein Weg der Erlösung durch Selbstanstrengung nach dem Motto: »Wenn ich genügend gute Werke tue, werde ich mir einen Platz im Himmel verdienen.« 64% der US-Jugendlichen vertreten diese Ansicht.

In Wahrheit können wir uns aber weder selbst verbessern noch selbst verändern. Ja *»selbst das Gesetz des Mose kann uns nicht retten«* (Röm 8,3). Warum nicht? Weil wir aufgrund unserer Sünde in Gottes Augen tot sind. Er ist heilig, und aufgrund seiner Heiligkeit muss unsere Sünde an der Wurzel gepackt werden. Die Tragödie der gesamten Menschheit ist, dass wir aufgrund unserer Sünde alle ausnahmslos von Gott getrennt sind (Röm 3,23; 6,23 und Eph 2,1). Dieses Dilemma gilt es, für unsere jungen Leute zu erfassen.

Dazu gehört die tiefe Überzeugung, dass das Wunder der Auferstehung vom Tod zum Leben von Jesus abhängt, der allein die Macht dazu hat. Jesus sagte: »*... denn wenn ihr nicht glauben werdet, dass ich es bin, so werdet ihr in euren Sünden sterben«* (Joh 8,24). Und die Bibel liefert den überwältigenden Beweis, dass Jesus wirklich der wahre Sohn Gottes ist. Es muss deutlich werden, dass Jesu Angebot für uns erfahrbar werden kann, denn es findet eine ganz grundlegende Veränderungserfahrung statt, wenn jemand ein Kind Gottes wird. Darüber hinaus gilt es, die Tatsache zu vermitteln, dass Jesus in Wort und Tat vertrauenswürdig, sein Angebot real und für unser Leben relevant ist. Wäre Jesus nämlich nicht der, der er zu sein beansprucht, müssten wir auch die Realität seiner Liebe und seine Vergebung infrage stellen. Wenn daher christliche junge Leute Gottes Erlösungstat im vollen Umfang erfassen wollen, müssen sie begreifen, dass an Gottes Erlösungsherz kein Zweifel besteht und es tatsächlich für sie schlägt.

Wie dies geschehen kann, wird an dem folgenden Beispiel deutlich.

Stellen wir uns einen Jugendleiter mit Namen Andi vor, der Freiwillige nach vorne bittet, um zu helfen, die Geschichte vom Sündenfall zu verdeutlichen.

»Ich würde gerne eine Geschichte erzählen«, sagt Andi. Tom und Julia sollen sie darstellen.

»Stellt euch einmal vor, Tom und Julia wären die ersten Menschen auf Erden. Gott hat sie geschaffen und schenkt ihnen einen vollkommenen, blühenden Garten, den sie erhalten und auf den sie aufpassen sollen.«

»Ihr zwei«, sagt er mit Blick auf die beiden, »lebt jetzt in einem Garten, wo ihr es euch gut gehen lasst und mit euren Kindern wunderbar leben könnt.

Dieser Garten ist mehr als eine Utopie. Es ist ein Ort, an dem man in perfekter Harmonie mit anderen und seinem Schöpfer leben und mit Gott wie mit einem Vater oder einem Freund reden kann. Und mehr als alle früchtetragenden Bäume, mehr als alle klaren Seen, mehr als die wunderschöne Umgebung – gibt dir diese Beziehung zu ihm alles, wonach dein Herz sich sehnt. Du bist ein liebevoller Mensch, weil deine Liebe von Gott kommt. Du erlebst Frieden, weil dieser Friede dir von Gott geschenkt wird. Es gibt keinen Hunger, keinen Neid, keine Angst oder Schmerzen, weil dich Gottes heilige Gegenwart umgibt und dich mit tiefem Frieden erfüllt. Doch dann passiert plötzlich eine Tragödie.

Ein aufsässiger Engel dringt, getarnt als Schlange, in den vollkommenen Garten ein. Er sät bei dir Verwirrung, Zweifel und Verdacht, Julia. Er möchte dich dazu verleiten, dass du ihm anstatt Gottes Worten vertraust. Er will dich überreden, lieber eigene Wege zu gehen anstatt Gottes Weg. Seine Absicht ist, dich dazu zu verleiten, die einzige Frucht zu essen, die Gott für dich zur Sperrzone erklärt hat. Und Julia, in dem Augenblick, als du Gott gegenüber gesündigt hast, hast du noch eine weitere Sünde begangen, weil du selbst zum Versucher wurdest. Du hast nämlich Tom dazu überredet auch zu sündigen. Die Stimmung ist gedrückt. Der Eindruck des Geschehens lastet auf Tom.

Diese Tat – deine bewusste Sünde gegen Gott, nachdem er dir so viel Gutes, dir seine Liebe geschenkt und deine Freundschaft gesucht hat, endete schließlich in der Vertreibung aus dem Garten. Du durftest nicht länger in dem wunderbaren, perfekten und geliebten Zuhause bleiben. Aber es sollte noch schlimmer kommen. Die Folgen waren grauenhaft und zerstörerisch, ja sie betrafen den ganzen Planeten – jede Pflanze, jedes Tier und auch jedes menschliche Wesen, das nach diesem Tag zur Welt kam, wurde in Mitleidenschaft gezogen.

Der Eintritt der Sünde in diese Welt brachte den Tod mit sich. Ja, die Sünde erwies sich von nun an als hinderlich für Gottes Gegenwart im Leben des Menschen. Es gab keine Vertrautheit und keinen Austausch des Menschen mehr mit ihm. Es gab keine gemeinsamen, frohen Augenblicke mehr. Die innige Beziehung, das ständige Bewusstsein von Gottes Liebe, das Erleben von Geborgenheit durch seine Nähe – all das war weg.

Bald wird dir bewusst werden, dass wir als Folge deiner Sünde nicht nur auf der Erde durch die Trennung von Gott tot sind, sondern auch die Merkmale des Todes erleben – Hunger, Krankheit, Hass und Herzeleid. All jene »Symptome«, die schließlich im Tod unseres Körpers und in der ewigen Trennung von ihm enden werden, müssen wir seit dem Moment des Sündenfalls bis heute tragen.«

Alle Augen der Jugendlichen heften sich nun an Julia. Sie vergräbt ihr Gesicht in den Händen und sie sagt: »Ich habe jetzt richtig begriffen, wie es gemeint ist.«

Andi erklärt: »Du fühlst dich jetzt schon elend, aber Gott leidet wegen des Geschehens im Garten noch viel, viel mehr als du. Er trägt Leid wegen der Kinder, die anschließend geboren werden, weil sie ebenso wie du den Tod als Trennung von Gott erleben. Doch anders als in deiner Rolle kennen sie nicht die ungetrübte Gemeinschaft, die du hattest. Und wie wir in 1. Mose 6,6 lesen, bricht ihm dies das Herz.«

Nun wendet sich Andi wieder der ganzen Gruppe zu. »Gott hat mit großer Traurigkeit zusehen müssen, wie ihr alle in diese gefallene Welt hineingeboren wurdet, in der er und seine menschlichen Geschöpfe einst in ungetrübter Gemeinschaft lebten. Gott hat vom ersten Moment eures Lebens ansehen müssen, wie ihr den Fußstapfen des ersten Paares folgtet und sein Feind wurdet, indem ihr immer wieder und eigenwillig euren eigenen sündigen Wünschen anstatt seinen heiligen Zielen folgtet. Dies bricht sein Herz.

Doch seine Traurigkeit bedeutet nicht Hilflosigkeit. Selbst im Garten Eden wusste er eine Antwort. Schon vor der Erschaffung der Welt hatte Gott nämlich einen meisterhaften Erlösungsplan entworfen (Offb 13,8). Dieser beinhaltet, dass er in dein Leben kommen möchte, dir mit ausgebreiteten Armen entgegengeht und sagt: Ich habe dich lieb, was immer du getan hast und ich möchte, dass du wieder mein Kind wirst.

Gott tat den ersten Schritt wieder auf uns zu und ist initiativ geworden, als wir hilflos und überhaupt nicht dazu in der Lage waren. Obwohl wir ihn verzweifelt brauchten, haben wir uns nicht auf die Suche nach ihm gemacht. Jeder von uns täte daher gut daran zu rufen: *Bitte Herr, greif ein. Ich kann ohne dich nicht leben.* Doch das machst du nicht. Du sündigst munter weiter, suchst ihn nicht und fragst nicht nach ihm. Und doch sehnt er sich nach Gemeinschaft mit dir (Apg 17,25).

Gott möchte dich wieder zurückgewinnen, wieder mit dir Verbindung aufnehmen, sich an dir erfreuen und Gemeinschaft mit dir haben. Und wie macht er das möglich? Er, der mächtige Gott des Universums kommt in dein Leben und löscht den Fluch des Todes aus, der über dich Macht hat:

»Das Wort ward Fleisch und wohnte unter uns, und wir haben seine Herrlichkeit angeschaut. Eine Herrlichkeit als eines Eingeborenen vom Vater voller Gnade und Wahrheit« (Joh 1,14).

»Weil nun die Kinder Blutes und Fleisches teilhaftig sind, hat er durch den Tod den zunichte gemacht, der die Macht des Todes hat, das ist den Teufel, um alle die zu befreien, die

*durch Todesfurcht das ganze Leben hindurch der Knecht-
schaft unterworfen waren«* (Hebr 2,14).

Können wir das begreifen? Nur der Sohn des lebendigen Gottes
ist in der Lage, die Macht des Todes der Hand Satans zu ent-
reißen, damit Gott wieder mit seiner ganzen Schöpfung – *mit
dir* – in eine persönliche Verbindung treten kann.«

Aller Augen sind auf Andi gerichtet, und er fährt fort: » Das
ist die Geschichte der Erlösung. Sie schenkt uns Einblick ins
Herz des Erlösers. Sein Innerstes ruft laut: »Vielleicht habt ihr
euch von mir abgewandt, aber ich habe mich nicht von euch
abgewandt. Ihr seid so sehr wichtig für mich, dass ich unendlich
viel auf mich nehme, damit ihr wieder meine Freunde und
Gefährten werden könnt. Ich komme in eure Welt und werde
wie ein Mensch, um euch vom Tod und von ewiger Einsamkeit
zu erlösen.«

»Es ist Gottes heilige Leidenschaft, euch zu erlösen. Daher
kommt er in diese Welt und geht für euch in den Tod.« Andi
fährt fort und zitiert den Bibelvers: *»Denn aus Gnaden seid ihr
errettet durch Glauben und das nicht aus euch, Gottes Gabe ist
es, nicht aus Werken, damit niemand sich rühme«* (Eph 2,8).
Egal, was ihr getan oder nicht getan habt, er bietet euch Gnade
an. Gott nimmt euch voll und ganz an und ermöglicht euch
trotz all eurer Sünde einen Weg zu ihm zurück.

Das Evangelium handelt von Jesus, der die Initiative ergriff
und zu einem Zeitpunkt in die Welt kam, als wir noch Sünder
waren und noch nicht einmal in der Lage auch nur um Hilfe zu
bitten. Als Erlöser schenkte er euch Gnade, eine Zuwendung,
die in keiner Weise das Ergebnis eigener Verdienste ist.«[1]

Wenn es nicht wahr ist, macht es keinen Sinn

Egal, wie gewaltig etwas ist, es verliert seine Bedeutung, wenn es nicht wahr ist. Wenn Jesus Christus nicht der wahre Sohn des Schöpfergottes ist, dann ist auch seine großartige Liebe nicht echt und seine Vergebung bedeutungslos. Das heißt, seine historische Geburt in einer Krippe und die Belege seines Kreuzestodes hätten keinerlei Relevanz für uns.

Wenn Jesus Christus allerdings die Prophezeiungen erfüllt hätte, die sein Kommen ankündigten, wenn er wirklich von einer Jungfrau geboren wurde, wenn er wirklich Wunder vollbrachte, wenn er wirklich vom Tode auferstand, dann besteht kein Zweifel an der Wahrheit seiner Geschichte. Wir können dann davon ausgehen, dass er wirklich der ist, der er vorgibt zu sein. Er ist dann Gott, der in menschlicher Gestalt in diese Welt kam. Wenn dies jedoch stimmt, dann ist es auch genauso wahr, dass wir mit unserer Geburt in die Trennung von Gott hineingeboren und selbst absolut hilflos und »kraftlos« sind, daran etwas zu ändern (Röm 5,6). Dann ist es genauso wahr, dass Jesus Christus das Opferlamm für deine und meine Sünden wurde. *»Denn ihr wisst, dass ihr nicht mit vergänglichen Dingen, mit Silber oder Gold, erlöst worden seid von eurem eitlen, von den Vätern überlieferten Wandel, sondern mit dem kostbaren Blut Christi als eines Lammes ohne Fehler und ohne Flecken«* (1Petr 1,18-19). Die gewaltige Wahrheit über den Gott der Erlösung lautet, dass er sich so sehr danach sehnt, mit jedem Menschen in Verbindung zu treten und selbst das größte Opfer dafür gebracht hat. Er starb und stand wieder auf, damit er für immer mit uns Gemeinschaft haben kann. Es ist so wichtig, dass wir das unserem christlichen Nachwuchs nahebringen.

Unsere erste Antwort: Ein Leben des Glaubens

Wenn wir die Jugendlichen dahin geführt haben, dass sie Gott und seine Erlösungsabsicht erfassen, heißt es, nicht dort stehenzubleiben. Ziel ist, dass sich im Verlauf dieses Prozesses das Leben der Jugendlichen verändert. Es muss ihnen im nächsten Schritt deutlich gemacht werden, dass Gott darauf wartet, dass wir auf sein Angebot persönlich reagieren und Schritte unternehmen. Es gilt, sich Jesus anzuvertrauen, um so vom Herrn mit einem veränderten und ewigen Leben beschenkt zu werden. Dabei handelt es sich nicht um einen subjektiv emotionalen Glaubensschritt aus einer inneren Rührung heraus. Es geht vielmehr um einen Glauben, der auf dem Wissen beruht, dass die Geschichte von Jesus, dem gekreuzigten Sohn Gottes, absolut wahr und glaubwürdig ist. Die überwältigenden Beweise für Jesu Göttlichkeit und seine Menschwerdung sind nämlich mehr als ausreichend, um darauf unseren Glauben an die lebendige Wahrheit Jesus, unseren Erlöser, zu gründen. Wir vertrauen darauf, dass er in der Lage ist, uns aus unserem geistlichen Tod zu einem neuen Leben mit einer lebendigen Beziehung zu ihm zu erwecken. Aber damit ist kein blindes Vertrauen gemeint.

Gott schenkt uns vielmehr überzeugende Beweise, dass Jesus sein Sohn ist. Dadurch macht er deutlich, dass die Kraft uns zu erlösen nicht in unserem formalen Glaubensakt, sondern in ihm allein liegt. Viele Jugendliche und Erwachsene meinen nämlich, dass der Glaube an sich uns retten würde. Aber wenn uns der Glaube retten würde, dann bräuchten wir den Gott der Erlösung nicht, denn dann wäre der Glaube ausreichend. Das wiederum widerspräche den Worten des Apostels Paulus, der in aller Deutlichkeit erklärt: *»Denn aus Gnade seid ihr errettet durch*

Glauben, und das nicht aus euch, Gottes Gabe ist es, nicht aus Werken, damit niemand sich rühme« (Eph 2,8-9).

Trotzdem geht eine ganze Generation unglücklicherweise davon aus, dass die Kraft des Glaubens im Glauben selbst liegt und vor allem die Ernsthaftigkeit und Intensität des Glaubenden zählt. Doch in Wirklichkeit liegt die Stärke unseres Glaubens nicht in uns, sondern in der Kraft dessen, in den wir unser Vertrauen setzen. Jesus machte den Wert des Glaubens an sich und nur allein an sich fest. *»Daher sagte ich euch, dass ihr in euren Sünden sterben werdet; denn wenn ihr nicht glauben werdet, dass ich es bin, so werdet ihr in euren Sünden sterben«* (Joh 8,24). Der Fokus des Glaubens liegt also auf Jesus Christus, unserem Erlöser. Seine Kraft ist es, die unser Leben umgestaltet, so dass wir in einer dauerhaften lebendigen Beziehung mit ihm leben können. Man kann den Glauben daher mit einem Arm vergleichen, den wir ausstrecken, um mit Jesu Hilfe das neue Leben mit seiner Veränderung zu ergreifen. Wenn wir das deutlich machen, können wir unsere jungen Leute zu einem Leben führen, das in der Abhängigkeit von Jesus gelebt wird.

Dieses vom Glauben bestimmte Leben braucht wiederum Übung und Pflege, damit daraus selbstverständliches geistliches Verhalten, völlige Hingabe und Vertrauen wird. Am Beginn steht das zum Glauben kommen, das heißt eine bewusste und willentliche Inanspruchnahme der Gnade Gottes. Weil Jesus unsere Sünden an das Kreuz nagelte, ist die Gemeinschaft wieder mit ihm möglich. Aber damit endet der Glaube nicht, sondern er entwickelt sich weiter und gestaltet sich als lebenslanger geistlicher Wachstumsprozess. Er äußert sich im Gottvertrauen, im Auf und Ab des Alltags und in treuem Einsatz und Engagement für seine Sache.

Glaube will im Leben christlicher junger Le[u] [...]
Beziehung, die sie mit Jesus begonnen habe[n] [...]
keit und Elend um sie her wächst und rei[...]
schen erleben, dass Jesus sie verändert, steh[...]
ihres Lebens mit ihm. Sie müssen nun ler[nen] [...]
Miteinander zu wachsen, und unsere Aufgabe ist es, [...]
auf dem Weg zu einem stabilen Glaubensleben zu geben.

Unsere zweite Antwort: ein Leben zur Ehre Gottes

Drei Tage waren sie unterwegs gewesen. Der Junge konnte sich nicht erinnern, jemals mit seinem Vater solch eine lange Reise gemacht zu haben. Es war aufregend. Als der Vater plötzlich von Weitem das Ziel sah, sagte er zu seinen beiden Knechten: *»Bleibt ihr mit dem Esel hier! Ich aber und der Junge wollen dorthin gehen und anbeten. Und Abraham nahm das Holz zum Brandopfer und legte es auf seinen Sohn Isaak und legte ihn auf den Altar oben auf das Holz«* (1Mo 22,5-6).

Von klein auf hatte Isaak miterlebt, wie seine Familie Gott anbetete. Er hatte zugeschaut, wie als Zeichen der Dankbarkeit gegenüber Gott und zu seiner Anbetung Tiere geopfert wurden. Doch dieses Mal schien alles anders, und so fragte er seinen Vater. Es heißt: *»Da sprach Isaak zu seinem Vater und sagte: Mein Vater. Und er sprach: Hier bin ich mein Sohn. Und er sagte: Siehe das Feuer und das Holz. Wo aber ist das Schaf zum Brandopfer?«* (1Mo 22,7-8). Der Fortgang der Geschichte ist uns hinreichend bekannt. Abraham legte seinen Sohn auf den Altar, war bereit, ihn zu opfern, doch dann griff Gott ein und stellte einen Widder zur Verfügung.

...g steht also immer in Verbindung mit der Darbringung ...pfers. Zu Beginn war es das Blut von Stieren und Ziegen und ...mern, das dargebracht wurde, bis das Opfer in dem Blut des ...eckenlosen und vollkommenen Lammes Gottes, nämlich in Jesus selbst, Erfüllung fand. Doch Brandopfer und Blutvergießen ist nicht das, was Gott von uns will. Paulus sagt: *»Ich ermahne euch nun, Brüder, durch die Erbarmungen Gottes, eure Leiber darzustellen als ein lebendiges, heiliges, Gott wohlgefälliges Opfer, was euer vernünftiger Gottesdienst ist«* (Röm 12,1). Es gilt, jungen Leuten Anleitung zu geben, wie sie diese Art von Anbetung im Alltag umsetzen können. Ein Leben der Anbetung bedeutet, dass wir bereit sind, unsere eigenen Interessen zu opfern bzw. zurückzustellen, um ihn zu ehren. Er möchte die Nr. 1 sein, wobei wir auf jeden Fall seinen Willen und was ihm gefällt tun wollen. Mose fragte:

»Und nun , Israel, was fordert der Herr, dein Gott, von dir als nur den Herrn, deinen Gott, zu fürchten, auf allen seinen Wegen zu gehen und ihn zu lieben und dem Herrn, deinem Gott, zu dienen mit deinem ganzen Herzen und mit deiner ganzen Seele, indem du die Gebote des Herrn und seine Ordnungen, die ich dir heute gebe, hältst, dir zum Guten« (5Mo 10,12-13).

Wenn Gottes Wille Leitgedanke für alle Bereiche unseres Lebens ist, dann *»wird alles andere hinzugefügt werden«* (Mt 6,33). Weil er aber selbst Freude und Glück im Blick hat, weiß er, dass ein Leben allein zu seiner Ehre Erfüllung und Sinn verheißt.

Doch wie können wir christliche junge Leute dahin führen, ein Leben zur Ehre des allein wahren Gottes zu führen? Dazu ist als

Erstes wichtig, dass wir Gottesfurcht vermitteln – und zwar nicht erst im Teenageralter, sondern bereits bevor sie sprechen können. Ganz früh sollten wir ihnen eine Gottesfurcht »in die Wiege legen«, bei der Gottes Wesen und seine Allmacht in den rechten Blick gerückt werden. Wie Salomo es äußert: »*Die Furcht des Herrn ist der Anfang der Erkenntnis*« (Spr 1,7).

Es ist nicht zufällig, dass mit dem Schwinden der Gottesfurcht in unserer Gesellschaft gleichzeitig Relativismus und Subjektivismus zunehmen. Warum sollte man denn einem Wesen gegenüber ehrfürchtig sein, das nur wahr ist, weil man selbst daran glaubt; und dessen Existenz hauptsächlich von unserem eigenen Wunschdenken abhängt. Welchen Sinn macht es, sich vor etwas zu fürchten, was eh nur im eigenen Kopf existiert? Ich fürchte, nicht nur unserer Kultur, nicht nur unseren jungen Leuten, sondern auch oft uns als Eltern, Großeltern, Pastoren, Jugendleitern und gläubigen Pädagogen fehlt schlechthin eine gesunde, *biblische Gottesfurcht*, so wie das noch Propheten und Apostel kannten.

Als Mose sich dem brennenden Busch als Symbol von Gottes Anwesenheit näherte, wurde er gewarnt: »*Ziehe deine Schuhe aus, denn der Boden auf dem du steht, ist heiliges Land*« (2Mo 3,5). Der Mann Gottes gehorchte, fiel daraufhin zu Boden und verhüllte – konfrontiert mit der Größe Gottes – sein Gesicht.

Als der Apostel Johannes, der Jesus persönlich gekannt und mit ihm so oft gemeinsam über staubige Wege gegangen war, den auferstandenen und zum Himmel aufgefahrenen Herrn vor sich sah, fiel er zu seinen Füßen wie tot (Offb 1,17).

Diese Männer liebten Gott aus einer tiefen Ehrfurchtshaltung heraus und waren bereit, alles für ihn zu geben, aber für viele junge Leute heute ist Gott eine Art Weihnachtsmann, der ihnen Geschenke gibt und seine Kinder verwöhnt. Manch einer hat in seiner Vorstellung das Bild von einem Großvater, der nicht mehr viel mitbekommt und dem gegenüber man mehr oder weniger ignorant ist.

Wie kann es also gelingen, diese Generation davon zu überzeugen, dass sie die gleichgültig- pluralistische Einstellung hinter sich lässt und es sich zur persönlichen täglichen Gewohnheit macht, nur den wahren Gott zu verehren? Dazu ist wichtig, ihr Gottesfurcht zu vermitteln: *»Und ich werde einen ewigen Bund mit ihnen schließen, dass ich mich nicht von ihnen abwende, ihnen Gutes zu tun«* (Jer 32,40).

Wir sollen gewiss nicht einen Gott präsentieren, der ein Monster ist und vor dem man nur ducken und kuschen muss. Es geht auch nicht um eine Gottesfurcht, die den Magen abschnürt und Menschen bei dem Gedanken in Angst und Schrecken versetzt, was Gott als Nächstes auferlegen könnte. Vielmehr reden wir hier von einer *Furcht* im Sinne von Ehrerbietung und Achtung. Es geht darum, dass tief erfasst wird, wer Gott ist, so dass wir ihm tiefe Verehrung und Liebe entgegenbringen können für das, was er für uns getan hat und zu tun in der Lage ist.

Weil Gott sich uns als Erlösergott vorgestellt hat, der uns so sehr liebt, brauchen wir uns auch nicht vor seinem Plan für uns zu fürchten. Er hat hinreichend deutlich gemacht, was ihm gefällt und was ihn zornig macht. Wenn wir ihn so ehren, wie es ihm gefällt, werden wir seine Strafe nicht zu fürchten haben und seinem Namen Ehre bringen. Warum? Dafür möchte ich fünf Gründe nennen.

1. Gott in Ehrerbietung anbeten, weil er Gott ist

Wie Josua, der mit seiner Generation die Größe Gottes selbst gesehen und erlebt hat, müssen wir auch den jungen Menschen nach uns weitergeben, welch einen großen Gott wir haben. Von Geburt an sollten sie die Geschichten der Allmacht Jahwes hören, des Gottes unserer Väter, der Noah und seine Familie vor der Flut bewahrte. Sie sollten wissen, dass Gott Sodom und Gomorrha wegen ihres bösen Lebens zerstört hat, dass der Herr Joseph aus dem Gefängnis befreite, den Ägyptern Plagen schickte und das Schilfmeer teilte. Unser Ziel muss sein, ihnen eine Ehrfurcht vor dem Allmächtigen, dem Gott der Liebe und Barmherzigkeit einzuprägen. Mit jeder Geschichte, die wir erzählen, jedem Gebot, das wir weitergeben, jedem Anbetungslied, das wir singen, und jedem Gebet, das wir sprechen, gilt es gleichzeitig, unsere Abhängigkeit Gott gegenüber auszudrücken. Wenn wir betonen, dass Gott unendlich ist, sollten wir gleichzeitig auf unsere Endlichkeit hinweisen. Wenn wir erwähnen, dass Gott allmächtig ist, sollten wir zu unserer eigenen Schwachheit stehen. Wenn wir erkennen lassen, dass Gott allwissend ist, sollten wir immer wieder auf die Begrenztheit unseres eigenen Wissens hinweisen. Wenn wir so Gott die Ehre geben, werden wir uns tiefgreifend unserer absoluten Abhängigkeit vom Allerhöchsten bewusst, der unsere ganze Verehrung verdient.

2. Gott anbeten, weil er die Quelle alles Guten ist

Wir lesen in der Bibel, dass »*alle gute Gabe und jedes gute Geschenk von oben herabkommt*«(Jak 1,17). Welches wunderbare Vorbild ist es für das Verhalten und das Leben unserer christlichen

Nachkommen, wenn wir ihnen weitergeben und dabei selbst davon überzeugt sind, dass jeder Atem, den sie holen, jeder Bissen, den sie zu sich nehmen, jeder Muskel, den sie bewegen, jede Freude, die sie erleben, ein Geschenk des mächtigen und liebevollen Gottes ist. Diese ehrfürchtige, demütige Herzenseinstellung schenkt dann ein ganz anderes Verhalten in der Anbetung.

3. Gott anbeten, weil er der Richter über Gut und Böse ist

Wie Salomo schrieb: *»Das Endergebnis des Ganzen lasst uns hören: Fürchte Gott und halte seine Gebote. Denn das soll jeder Mensch tun. Und Gott wird jedes gute Werk, es sei gut oder böse, in ein Gericht über alles Verborgene bringen«* (Pred 12,13-14). Gott ist ein gerechter Gott, der jede Tat vor Gericht bringen wird. Es ist daher wichtig, dass wir selbst und unsere Kinder Ehrfurcht vor dem Gott als Richter haben und ihn als gerecht verehren.

4. Gott anbeten, weil er die Macht über Leben und Tod hat

Der Herr beschützt jeden, der ihn liebt: *»Der Herr bewahrt alle, die ihn lieben, aber alle Gottlosen vertilgt er«* (Ps 145,20). Als die Kinder Israel das Lied Moses sangen, verkündeten sie die Macht Gottes über Leben und Tod (5Mo 32,39). Es ist wichtig, dass christliche Jugendliche Gott als barmherzigen Gott kennenlernen, der ihr Leben in seinen Händen hat.

5. Gott anbeten, weil das zu unserem eigenen Guten ist

Gott verheißt denen Segen, die ihn fürchten und ehren. *»Und ich werde ihnen einerlei Sinn und einerlei Wandel geben, damit sie mich alle Tage fürchten, ihnen und ihren Kindern nach ihnen zum Guten«* (Jer 32,39).

Für meine Frau war der Papa in der Kindheit der Größte und der Beste. Alles war toll an ihm – angefangen vom Aussehen über sein Aftershave, seine starken Arme, das Fangenspielen mit ihm, bis hin zu seiner Kleidung. Für sie war er der bestaussehenste, stärkste und wundervollste Mensch auf der Welt. Diese enge Kombination von Bewunderung und Respekt erleichterte ihr das Gehorchen und bewahrte sie vor vielem. So machte sie zum Beispiel einen Bogen um scharfe Küchenmesser, spielte nicht an verbotenen Orten und aß brav gesundes Gemüse. Man könnte sagen, weil sie ihren Vater so sehr verehrte, fiel es ihr leicht, ihm zu gehorchen. Ihr Respekt vor ihm bewahrte sie vor Ungehorsam.[2]

In gleicher Weise ist es Gottes Wille, dass seine Kinder ihn von ganzem Herzen ehren und auch fürchten. Er weiß, dass diese ideale Kombination nicht nur für uns, sondern auch für unsere Kinder zum Guten dient.

Unsere Sehnsucht nach Gott wachhalten

In unseren Gemeinden und Familien muss wieder eine Anbetungsform eingeführt und zu neuem Leben erweckt werden, bei der Gott in seiner ganzen Größe verehrt wird. Unser Innerstes muss sich wieder vor ihm verneigen, ihn ehren. Es gilt, unsere eigenen Wege zurückzustellen, weil wir seiner Führung folgen wollen. Dazu schreibt Paulus: *»Und für alle ist er gestorben, damit die, welche leben, nicht mehr sich selbst leben, sondern dem, der für sie gestorben und auferweckt ist«* (2Kor 5,15). Um in unserem Leben unserem Schöpfer Anbetung und Verehrung entgegenzubringen, müssen wir unser Verlangen nach Gott und seinem Willen wachhalten. Dabei hilft es, jeden Tag mit dem tiefen Wunsch zu beginnen, heute zu leben, dass es Gott zur Freude ist.

Kürzlich las ich eine Geburtstagskarte, die eine Frau für ihren Mann geschrieben hatte. Vieles in ihren Worten bewegt auch einen Menschen, der Gott verehrt:

> »Dein ist das Lächeln auf das ich mich jeden Morgen freue. Dein ist die Stimme, die ich den ganzen Tag so gerne höre. Dein ist die Berührung, die mein Herz und meine Seele berühren. Weil du mich verstehst, werde ich meiner Zweifel und meiner Ängste Herr. Dein sind die Pläne und die Träume, die sich mit den meinen verbinden. Dein ist die Liebe, die mir die Welt bedeutet. Wärest du nicht mein ein und alles, wäre mein Leben bedeutungslos. Daher hat niemand mehr Grund heute zu feiern als ich selbst. Happy birthday ... Ich liebe dich.«[3]

Ganz tief in unserer Seele haben wir das Bedürfnis, Gott würdig zu verehren. Er hat in uns die Sehnsucht gelegt, mit ihm in Kontakt zu treten und auszudrücken, was er uns bedeutet. Doch dieses Verlangen braucht Pflege und Wachstum und muss sich zu einem Lebensstil entwickeln, der unseren Alltag bestimmt. Wenn wir jungen Leuten tiefgreifend deutlich machen, welch gewaltiger

Erlöser Gott ist, kann es ihnen Anlass sein, ihn kennenlernen und lieben zu wollen. »*Wie eine Hirschkuh lechzt nach Wasserbächen, so lechzt meine Seele nach dir, o Gott*« (Ps 42,1-2).

Unsere dritte Antwort: ein Leben des Gebets

Unser Ziel ist es, dass wir christlichen Jugendlichen zeigen, was der Gott der Erlösung für sie getan hat, sodass sie sich ihm im Gebet anvertrauen und bereit sind, ihm so darauf zu antworten. Wenn sie sich geistlich weiterentwickeln, in ihren Beziehungen und emotional reifen wollen, müssen sie lernen, wie wichtig Gebet ist. Gott redet zu uns durch sein Wort und den Heiligen Geist, im Gebet reden wir wiederum mit ihm.

Im Grunde genommen ist das Gebet daher ein Dialog mit Gott. Doch viele Menschen, inklusive unsere christlichen Jugendlichen, betrachten das Gebet als eine Zeit, in der man Gott einseitig um »Dinge« bittet. Anschließend wundern sie sich, warum Gott nicht alle ihre Anliegen erhört. Andere häufige Anfragen zum Thema Gebet lauten: Wenn Gott doch allwissend ist und ich ihm wichtig bin, warum muss ich ihn dann noch um etwas bitten? Wenn Gott allmächtig ist und ohnehin sein Wille geschieht, was nützen dann meine Gebete?

Diese Fragen verdeutlichen jedoch, dass der Sinn des Gebets missverstanden wurde. Es ist eine Möglichkeit für uns, mit Gott in Verbindung zu treten, seinen Willen zu erfahren und mit seinem Gedanken eins zu werden. Durch eine Haltung des Gebets, durch ständiges Suchen im Gebet, kann uns klarwerden, wie Gott über bestimmte Pläne und Bereiche unseres Lebens denkt. Sein Wille bezüglich der Angelegenheiten in unserem Leben werden uns in unseren Gedanken deutlich.

»Denn wer hat den Sinn erkannt, dass er ihn unterweisen könnte. Wir aber haben Christi Sinn« (1 Kor 2,16).

Durch beständiges Gebetsleben vertiefen wir unsere Verbindung zu Gott und schaffen die Voraussetzung dafür, dass Jesus sein Wesen in unserem Leben sichtbar machen kann. Gebet bedeutet viel mehr als nur Worte. Es ist Ausdruck unserer Lebenshingabe an Gott und unseres Wunsches, in sein Bild umgestaltet zu werden. Deshalb ist es wichtig, den Jugendlichen die fünf Formen des Gebets zu erklären und wie sie Teil ihres Lebens werden können.

1. Das Lobgebet

Wenn wir Gott für sein Wesen preisen, führt uns das zu der richtigen inneren Einstellung gegenüber dem Gebet. *»Singt ihm, spielt ihm, redet von allen seinen Wundern. Rühmt euch seines heiligen Namens. Es freue sich das Herz derer, die ihn suchen«* (Ps 105,2-3).

2. Das Dankgebet

Wir wissen, dass wir Gott alle unsere Anliegen und Bitten bringen können. Es ist aber darüber hinaus wichtig, das mit Lob und Dank zu verbinden. Paulus ermahnte: *»Seid um nichts besorgt, sondern in allem sollen durch Gebet und Flehen mit Danksagung eure Anliegen vor Gott kundwerden«* (Phil 4,6). Deshalb sollten wir den Jugendlichen deutlich machen, dass es darum geht, Gott für das zu loben und anzubeten, was er ist. Wir sollen ein dankbares Herz bezüglich all dessen haben, was er für uns getan hat.

3. Das Sündenbekenntnis

Wenn wir als Nachfolger Jesu ihm ähnlich werden wollen, geschieht das in einem Prozess. Dazu gehört neben dem geistlichen Wachstum auch das Erleben von Rückschlägen beim Tun seines Willens. Daher brauchen wir das Gebet, um unsere Fehler zu bekennen: »*Wenn wir unsere Sünden bekennen, so ist er treu und gerecht, dass er uns die Sünden vergibt und uns reinigt von jeder Ungerechtigkeit*« (1Jo 1,9).

4. Das Bittgebet

»*Bittet, und es wird euch gegeben werden; sucht, und ihr werdet finden; klopft an, und es wird euch geöffnet werden!*« (Mt 7,7).

Gott freut es, wenn wir ihn bitten, und er möchte diese Bitten auch erfüllen. Aber wir müssen uns davor hüten, in unseren Gebeten nur selbstsüchtige Bitten für eigene Bedürfnisse mit wenig oder gar keinem geistlichen Nutzen zu äußern. »*Ihr bittet und empfangt nichts, weil ihr übel bittet, um es in euren Lüsten zu vergeuden*« (Jak 4,3). Wenn unsere Gebete nach Gottes Willen sind, lernen wir jedoch um Dinge zu bitten, die er uns gerne schenken möchte. So kann uns das Gebet helfen, in Übereinstimmung mit Gottes Willen zu leben.

5. Das Fürbittegebet

In Kurzform lässt sich mit Fürbitte das Gebet für andere Menschen beschreiben. Paulus schrieb: »*Mit allem Gebet und Flehen betet zu jeder Zeit im Geist, und wachet hierzu in allem Anhalten und*

Flehen für alle Heiligen« (Eph 6,18). Dieses Gebet erfordert, dass wir uns für die Nöte anderer Menschen interessieren und mit ihnen fühlen. Gott gefällt es, wenn wir es uns zur Gewohnheit machen, ihn für die Nöte anderer Menschen zu bitten.

Menschen heranziehen, die sich Nachfolge etwas kosten lassen

Jesus sagte: »*Wenn jemand mir nachkommen will, verleugne er sich selbst und nehme sein Kreuz auf täglich und folge mir nach. Denn wer sein Leben retten will, wird es verlieren; wer aber sein Leben verliert um meinetwillen, der wird es retten«* (Lk 9,23-24). Jesus möchte, dass wir und christliche junge Leute sich ihm ganz zur Verfügung stellen – wie es Paulus in Römer 12,1 beschreibt.

Wenn wir es als unsere Aufgabe sehen, Kinder und Jugendliche den Gott der Erlösung nahezubringen, müssen wir sie anleiten, ein Leben tiefen Gottvertrauens zu leben. Ein Leben, in dem Gott den ersten Platz hat, in dem er von ganzem Herzen angebetet wird und das Gebet eine wichtige Rolle spielt. Es geht darum, dass wir unser Ich-bezogenes Leben ihm völlig ausliefern. Dass wir ihm unseren Verstand, unsere Seele und unsere ganze Kraft zur Verfügung stellen.

Dem Komponisten Isaak Watts gelang, die Bedeutung dieses Opfers im Blick auf das Kreuz auszudrücken, als er schrieb:

Schau ich zu deinem Kreuze hin,
wo du für mich gestorben bist,
zu Schaden wird, was sonst Gewinn,
was einst mein Stolz gewesen ist.

Dein Kreuz zerstört den falschen Ruhm,
durch deinen Tod bin ich befreit.
Gebunden als dein Eigentum,
an dich allein für allezeit.

Ich schau dein dorngekröntes Haupt,
aus deinen Wunden quillt dein Blut,
und wer an solche Liebe glaubt,
dem kommt dein Kreuzesschmerz zugut.

Was ich zum Dank auch gebe Dir,
die ganze Welt ist noch zu klein,
der Dank für diese Liebe hier,
kann nur mein eignes Leben sein.[3]

Wenn wir christliche Jugendliche dahinführen, dass sie ihr Leben ganz von Gott bestimmen lassen wollen, heißt das nicht, sie in ein freudloses, unerfülltes Leben zu drängen. Jesus sagt nämlich: »Ich bin das wahre Leben. Und ich will euch ein Leben der Fülle schenken.« Genau dies bringt uns zu einer weiteren Facette des Herzens Gottes – sein Wunsch, mit uns in Gemeinschaft zu leben.

Kapitel 9
Den Gott der Beziehung nahebringen

Es muss uns immer wieder bewusst werden, dass weder wir noch junge Menschen allein sind. Auch in diesem Augenblick ist Jesus in diesem Zimmer gegenwärtig und sehnt sich danach, dass wir ihn immer besser kennenlernen. Er möchte, dass wir mit unserem ganzen Leben ihm ähnlich werden und sein Wesen übernehmen, so wie es im Gleichnis vom Weinstock und den Reben beschrieben wird. Wie im gewöhnlichen Leben Eltern unglaublich stolz sind, wenn ihr Kind ihren Fußstapfen folgt oder das lebt, was sie es gelehrt haben, freut sich auch unser Vater im Himmel, wenn wir ihm immer mehr gleichen.

Dass es Gott beim Christsein in erster Linie um eine Beziehung zu uns geht, muss christlichen Jugendlichen deutlich werden. Es fehlt ihnen oft die entscheidende Erfahrung mit Gott als einem persönlichen Gott, der eine enge Verbindung mit uns sucht. Sehr oft liegt das daran, dass sie tief innen letztlich nicht völlig davon überzeugt sind, dass er überhaupt existiert. Viele bezweifeln zudem, dass der Heilige Geist real ist und darauf wartet, in ihren

Herzen Wohnung zu nehmen. Unsere Aufgabe ist daher, ihnen Gottes Absicht und Wesen vor Augen zu führen. Nur wenn es uns gelingt, diese Wirklichkeit verständlich nahezubringen, werden Jugendliche den Mut haben, diese Beziehung mit Gott zu wagen. Daher ist es wichtig, ihnen die folgenden Wahrheiten deutlich zu machen:

Gott wünscht sich eine persönliche Beziehung mit uns

Als Gott die Herrlichkeit und Pracht des Himmels verließ und durch Jesus Christus menschliche Gestalt annahm, zeigte er dadurch, wie wichtig ihm die Gemeinschaft zu uns Menschen ist. Sein Handeln drückte aus: »Ich möchte eine vertraute Beziehung mit dir pflegen, in der ich dich kenne und du mich erkennst.«

Gott legte mit den Worten an den Propheten Hosea seinen größten Wunsch offen: *»Erkennt mich«* (Hos 6,6). Es ist Gottes größter Wunsch, wieder eine vertrauensvolle Beziehung zu uns herzustellen. Er möchte, dass wir ihn so genau kennen, dass wir in der Lage sind genauso zu handeln wie er. Gott hat uns nach seinem Bild und seinem Wesen erschaffen. Durch Sünde haben wir zwar die Ähnlichkeit mit seinem Wesen verloren, doch schenkte Gott die Erlösung, damit wir *»in das Bild seines Sohnes umgestaltet werden«* (Röm 8,29). Rick Warren macht in den ersten Kapiteln seines Buches *Leben mit Vision* deutlich, was nicht Sinn des Lebens ist: »Es geht nicht um dich.« In der heutigen Jugendkultur meint man jedoch – auch in der Gemeinde –, es müsse sich alles um uns drehen. Daher ist es unsere Aufgabe, zu verkündigen und vorzuleben, dass es nur um IHN geht und es in der Hauptsache darauf ankommt, in einer persönlichen Beziehung mit Jesus zu leben. Es geht darum, dass wir Gott verherrlichen, weil wir seinem Wesen gleichen. Nichts erfreut Gott mehr (Eph 1,4-5).

Der eigentliche Sinn unseres Daseins ist, Gott tiefgreifend zu erkennen ... und ihm immer ähnlicher zu werden.

Wie kommen wir in eine persönliche Beziehung zu Gott?

Gottes Wunsch ist es, dass wir ihn persönlich kennenlernen. Aber er lässt uns glücklicherweise nicht im Unklaren darüber, wie das für uns erreichbar ist. Zu unserer Unterstützung hat er uns sowohl seinen Geist als auch sein Wort gegeben, um uns dabei helfen, ihm immer ähnlicher zu werden. Dazu ist wichtig, dass wir verstehen, was die Bibel über das Wesen des Wortes Gottes offenbart: wer er ist und wie sein Geist uns befähigen kann, nach seinem Vorbild zu leben. Wenn wir diese Generation dazu anleiten, die Kraftquelle zu nutzen, die uns Gottes Wort und sein Geist für unseren Alltag sein will, dann werden wir Menschen heranbilden, in deren Leben Jesus erkennbar ist. Nur so brauchen wir uns nicht zu fürchten, dass wir wirklich einmal die letzte christliche Generation sein werden. Dennoch ist es für eine Generation unmöglich Gott kennenzulernen und ihm immer ähnlicher zu werden, wenn sie der entscheidenden Grundlagen und Mittel zur Umsetzung beraubt wird.

Ist *beraubt* nicht allzu hart ausgedrückt? Es geht hier nicht um das *Wer*, sondern um das *Was*. Mitschuld sind die verbreiteten, verzerrten Sichtweisen von Gottes Geist und seinem Wort. In den USA glauben 68% der christlichen Jugendlichen nicht, dass es sich beim Heiligen Geist um eine wahrhaftige Person handelt. 81% glauben, dass man sich seine eigene Wahrheit zusammenreimen muss, anstatt Gott und seine Wahrheit auf den Seiten der Bibel zu suchen und zu erkennen.[4] Mit dieser Fehlsicht von Bibel und Gottes Geist sind junge Menschen der Möglichkeiten beraubt, die Gott uns zur Verfügung gestellt hat, um ihn zu finden und ihm ähnlicher zu werden.

Es ist daher so wichtig, dass sie die Rolle der Heiligen Schrift und das rechte Schriftverständnis vermittelt bekommen und dass falsche Vorstellungen vom Heiligen Geist korrigiert werden. Sie brauchen darüber hinaus Anleitung, wie man Beziehungen zu anderen nach biblischen Grundsätzen gestaltet. Aber Theorie allein ist wenig hilfreich. Wir dürfen bei der Präsentation geistlicher Wahrheiten nicht stehenbleiben und müssen um geistliche Weiterführung in einem nachhaltigen geistlichen Wachstumsprozess bemüht sein. Wir müssen die Jugendlichen so begleiten, dass sie die Bibel verstehen *und auch im* Alltag in der Kraft des Geistes und des Wortes leben können. Es ist wichtig, dass sie begreifen, dass Christsein bedeutet, eine Lebensbeziehung mit Gott zu führen und sein Wesen anzunehmen. In dieser Aufgabe sind sie nicht allein, sein Wort und sein Geist stehen ihnen helfend zur Verfügung.

Gott persönlich durch die Bibel erfahren

Für die meisten christlichen Jugendlichen ist die Bibel aber nicht verbindliches und wahrhaftiges Wort Gottes, in dem offenbart wird, wer Gott ist und wie er mit uns in Beziehung treten will. Vielmehr ist sie vielfach eine Art Trostpflaster oder eine Sammlung ansprechender Geschichten und hilfreicher Erkenntnisse, die ihnen Anleitung zum Herausfinden der für sie gültigen »Wahrheit« geben will. So wird die Bibel fälschlicherweise zu einem Selbsthilfebuch, um für sich persönlich festzulegen, was richtig und falsch, gut und böse ist.

Um diese verzerrte Sichtweise zu korrigieren, ist es wichtig, dass wir den Jugendlichen sowohl den Grund für Gottes Wort (um ihn zu erkennen) wie auch die Zuverlässigkeit seines Wortes verdeutlichen. Es gilt, sie zu der Überzeugung zu führen, dass die Texte in der Bibel sachlich absolut korrekt sind und wir aus diesem Grund der Bibel vertrauen können, da sie uns Gott offenbart.

Nach Gottes Plan sollte weder ein Aspekt seines Wesens verlorengehen noch die aufgezeichneten Prinzipien und Grundsätze, die sein Wesen und seine Natur widerspiegeln. So hat er auf wunderbare Weise nicht nur die Niederschrift, sondern auch die Bewahrung der Bibel bis auf den heutigen Tag veranlasst. Jesus sagte: *»Denn wahrlich, ich sage euch: Bis der Himmel und die Erde vergehen, soll auch nicht ein Jota oder ein Strichlein von dem Gesetz vergehen, bis alles geschehen ist«* (Mt 5,18).

Es gibt heute eine Fülle von Beweisen für die überwältigende Zuverlässigkeit der Bibel und dafür, wie die einzelnen Texte mit erstaunlicher Genauigkeit von einer Generation zur anderen weitergereicht wurden. Die Beweise sind heute noch für moderne junge Leute von entscheidender Wichtigkeit. Genau diese Fakten sind wichtig; und wir müssen sie an die Jugendlichen weitergeben. Die Überzeugung, dass die Bibel verbindlich und historisch absolut korrekt ist, ist enorm wichtig. Aber dies allein genügt nicht. Denn sie ist ein lebendiges Wort, das von und in unseren Gedanken und Herzen aufgenommen und dort verankert werden will. Das zu erreichen, ist auch Sinn und Zweck dieses Buches.

Leider kenne ich sehr viele Pastoren und vollzeitliche Mitarbeiter, die sich mit dem Wort Gottes nur befassen, um es an andere weiterzugeben oder weil sie an der theologischen Lehre, beziehungsweise an der Dogmatik interessiert sind. Gottes Wort soll jedoch in erster Linie zu dem Zweck gelesen, studiert und aufgenommen werden, weil man Gott selbst kennenlernen möchte. Gott möchte, dass wir verstehen, wie sehr es sein Wunsch ist, mit uns in einer lebendigen Beziehung zu leben. Es ist sein Anliegen, dass wir seine Worte ganz tief in unserem Herzen bewahren und verinnerlichen.

Mose verstand das sehr klar. Nachdem Gott zu ihm gesagt hatte: *»Ich kenne dich mit Namen, ja, du hast Gunst gefunden in meinen Augen«*, antwortete Mose: *»Und nun, wenn ich also Gunst gefunden habe in deinen Augen, lass mich doch deine Wege erkennen, so dass ich dich erkenne, damit ich Gunst finde«* (2Mo 33,12-13).

Im Leben eines Menschen, der Jesus folgen möchte, sollte das Wort Gottes daher ständiger Begleiter sein. Uns selbst muss es wieder wichtig werden. Es gilt, unseren Jugendlichen mit Begeisterung und Engagement zu vermitteln, wie wichtig eigenes, regelmäßiges Nachdenken über Gottes Wort und tägliches Lesen der Bibel sind.

Gott persönlich durch den Heiligen Geist erfahren

Die meisten christlichen US-Jugendlichen (68%) glauben, dass der Heilige Geist in unserer Welt nur eine Art guten Einfluss ausübt, aber weder eine Person noch ein Wesen ist. Die Bibel macht jedoch deutlich, dass der Heilige Geist eine Person ist, die in unser

Leben treten möchte und die Aufgabe hat, uns nach dem Bild Jesu zu prägen und umzugestalten. Jesus selbst erklärte, dass der Heilige Geist mit seiner Gegenwart in uns wohnt: *»Der Beistand aber, der Heilige Geist, den der Vater senden wird in meinem Namen, der wird euch alles lehren und an alles erinnern, was ich euch gesagt habe«* (Joh 14,17).

Vielen von uns mag es selbstverständlich sein, dass wir es mit unserem eigenen Bemühen und unserer eigenen Kraft niemals schaffen werden, ein gottgefälliges Leben zu führen. Leider glauben viele christliche Jugendliche, dass sie durch ihre eigenen Anstrengungen bei Gott Ansehen erreichen. Daher müssen wir ihre Blicke auf die Existenz des Heiligen Geistes lenken. Der möchte ihnen helfen, ihr Leben erfüllen und sie führen, damit sie im Alltag so leben, wie Jesus es getan hätte. Es ist wichtig, sie zu der Erkenntnis zu führen, dass der Heilige Geist durch Hingabe an Jesus, Demut und Vertrauen zur Entfaltung kommt.

Wir erfahren den Heiligen Geist nicht nur einmal in unserem Leben. Er ist seit der Wiedergeburt gegenwärtig, um uns im geistlichen Wachstumsprozess zu unterstützen und uns im Glauben voranzubringen. So möchte er uns im Alltag da seine Geduld schenken, wo wir ungeduldig sind, uns da seinen Frieden schenken, wo wir ängstlich sind. Seine Liebe soll anstelle unserer Ichbezogenheit stehen, seine Reinheit anstelle unserer Unreinheit:

»Die Frucht des Geistes aber ist: Liebe, Freude, Friede, Langmut, Freundlichkeit, Güte, Treue, Sanftmut, Enthaltsamkeit. Wenn wir durch den Geist leben, so lasst uns durch den Geist wandeln« (Gal 5,22-23,25).

Der Schlüssel, um gottlosen Einflüssen zu widerstehen und nach Gottes Willen zu leben lautet: *»Und berauscht euch nicht mit Wein, worin Ausschweifung ist, sondern werdet voll Geist, indem ihr zueinander in Psalmen und Lobliedern und geistlichen Liedern redet und dem Herrn in euren Herzen singt und spielt«* (Eph 5,18). Wenn die Jugendlichen sehen, dass wir selbst ein Leben in der Kraft Gottes führen, fällt es ihnen leichter, den Heiligen Geist als eine Person zu begreifen, die ja im Leben ihrer Eltern, Jugendleiter, Pastoren und anderer Gemeindemitglieder wirkt und die sie ebenfalls brauchen.

Wenn junge Menschen begriffen haben, dass Gott sich so sehr nach einer persönlichen Beziehung mit uns sehnt, ist der nächste Schritt, dieses Leben und sein Geschenk zu ergreifen. Aber wie sieht das konkret aus?

Als Christen führen wir ein Leben der Nächstenliebe

Wenn wir Gott als einen Gott der Beziehungen erkannt haben, gilt es, seine Einladung zu einer Lebensbeziehung mit ihm anzunehmen. Wichtig ist, dass wir nun seinen Heiligen Geist in unserem Leben wirken lassen und die Bibel studieren, um mehr über ihn zu erfahren. Wie sieht solch ein Leben konkret aus? In uns wird der Wunsch geweckt, Christus ähnlicher zu werden. Je mehr wir uns mit Jesus in der Bibel beschäftigen und auf seinen Geist hören, desto mehr wird unsere Verbindung mit Gott gestärkt, und wir sind in der Lage, seinen Willen zu tun. Im Umgang mit anderen sind wir dann darum bemüht, uns so zu verhalten, wie sich Jesus uns gegenüber verhalten hat. So trösten wir andere zum Beispiel mit dem Trost, den wir von ihm empfangen haben. Wir geben die Ermutigung weiter, mit der Jesus uns ermutigt hat. Wir bringen anderen die Liebe entgegen, die wir von Jesus empfangen haben.

Stellen wir uns jetzt diese Szene von vor 2000 Jahren vor. Eine Gruppe Pharisäer und Sadduzäer versammeln sich um einen neuen Lehrer und seine Anhänger mit einer aufrüttelnden Botschaft. Ein Rechtskundiger formuliert die Frage: *»Welches Gebot ist das größte in dem Gesetz?«* (Mt 22,36).

Seinen gespannten Zuhörern sagte Jesus damals: *»Du sollst den Herrn deinen Gott lieben mit deinem Herzen und mit deiner ganzen Seele und mit deinem ganzen Verstand«* (Mt 22,37-38) und dann fügte er hinzu: *»Das zweite ist ihm gleich: Du sollst deinen Nächsten lieben wie dich selbst«* (Mt 22,39-40).

Die Jünger verstanden unzweifelhaft, dass ihre Liebe zu Gott auch im Umgang mit anderen sichtbar werden muss. So hielt der Apostel Johannes Jesu wie folgt fest: *»Ein neues Gebot gebe ich euch, dass ihr einander liebt, damit, wie ich euch geliebt habe, auch ihr einander liebt ... Denn dies ist die Botschaft, die ihr von Anfang an gehört habt, dass wir einander lieben sollen ... Daran werden alle erkennen, dass ihr meine Jünger seid, wenn ihr Liebe untereinander habt«* (Joh 13,34; 1Jo 3,11 und Joh 13,35)?

Für einen Nachfolger Jesu gilt es, nach dem Beispiel der Liebe Gottes zu leben, indem wir andere Menschen so lieben, wie er uns geliebt hat. Durch Gottes Geist bekommen wir die Kraft, seinen Geboten und der Bibel zu gehorchen. Wir werden aufgefordert:

- Liebt einander (1Jo 3,11).
- Seid einander zugetan wie in einer liebevollen Familie (Röm 12,10).
- Bringt einander Achtung entgegen (Röm 12,10).

- Lebt in Harmonie miteinander (Röm 12,16).
- Nehmt einander an (Röm 15,7).
- Dient einander in Liebe (Gal 5,13).
- Seid geduldig miteinander (Eph 4,2).
- Ordnet euch unter (Eph 5,21).
- Seid zueinander gütig, mitleidig, vergebt einander (Eph 4,32).
- Ermutigt einander (1Thes 5,11).

Und das ist nur der Anfang. Das christliche Leben handelt vorrangig von tiefen, bleibenden, gesunden Beziehungen zunächst mit Gott, aber dann auch untereinander. Denken wir einmal an die vielen verschiedenen Beziehungen im Verlauf unseres Lebens:

Beziehungen in unserem Leben

Eltern	—	Kind
Kind	—	Eltern
Großeltern	—	Enkel
Kind	—	Geschwister
Kind	—	Kind
Kind	—	Autoritätspersonen
Verliebter Junge	—	verliebtes Mädchen
Verliebtes Mädchen	—	verliebter Junge
Ehemann	—	Ehefrau
Ehefrau	—	Ehemann

Erwachsene	—	Erwachsene
Erwachsene	—	Behörden
Kollegen	—	Kollegen
Gläubige	—	Gläubige
Freunde	—	Freunde
Freunde	—	Feinde

Je älter wir werden, desto mehr Beziehungskonstellationen sind es, mit denen wir in Berührung kommen. Jedoch gibt es für alle ein perfektes Vorbild – Jesus Christus und die Bibel. Gott hat uns durch Jesus Christus ein perfektes Vorbild für das zwischenmenschliche Miteinander geschenkt, egal in welchem Lebensabschnitt und in welcher Lage wir gerade sind.

Natürlich stellt sich die Frage, wie das im Einzelnen geschehen soll. Dazu steht eine Fülle von ausgezeichnetem Material zur Verfügung, das aufzeigt, wie christliche junge Leute in und mit ihrem Umfeld ein Leben nach Gottes Willen führen können. Wenn wir selbst begriffen haben, was notwendig ist, damit Beziehungen so funktionieren, wie Gott sie vorgesehen hat, können wir die Jugendlichen lehren, was für ihr Miteinander wichtig ist.

Als Christen treffen wir Entscheidungen nach Gottes Willen

Wenn wir mit Gottes Wort vertraut sind und unser Leben in der Kraft des Heiligen Geistes führen, sind wir in der Lage, weise

Lebensentscheidungen zu treffen, die Gottes Wegen entsprechen. Dies ist ein zweites wesentliches Element einer lebendigen Beziehung mit Gott. Er hat uns nach seinem Bild erschaffen und den Wunsch in uns hineingelegt, nach seinem Willen zu leben. Vor dem Sündenfall von Adam und Eva hat der Mensch ganz selbstverständlich Gottes Gedanken befolgt. Die Sünde veränderte jedoch alles, so dass wir Menschen erst wieder lernen müssen, nach Gottes Führung zu leben und die richtigen Entscheidungen zu treffen. Ob uns das gelingt, hängt entscheidend von dem Intaktsein unserer Verbindung zu Gott ab. Wenn wir Gottes Einladung annehmen, mit ihm in Beziehung zu treten, schenkt er uns seinen Heiligen Geist, damit er in unserem Leben wirken kann und uns befähigt, richtig zu entscheiden. Das dient nicht nur Gott zur Ehre, sondern bringt uns auch allgemein Segen.

Mose sagte zu den Kinder Israel: »*Indem du die Gebote des Herrn und seine Ordnungen, die ich dir heute gebe, hältst, dir zum Guten. ... Siehe ich lege euch heute Segen oder Fluch vor: den Segen, wenn ihr den Geboten des Herren, eures Gottes gehorcht, die ich euch heute gebiete und den Fluch, wenn ihr den Geboten des Herrn eures Gottes nicht gehorcht*« (5Mo 10,13; 11,26-28).

Die Jugendlichen müssen verstehen, dass zum Leben in Verbindung mit Gott gehört, dass unsere Lebensentscheidungen nach Gottes Wegen fallen müssen und man dann in den Genuss der Vorzüge eines Lebens mit Gott kommt.

Dies ist keine leichte Aufgabe, weil viele Jugendliche sich eine unbiblische Einstellung angeeignet haben, nach der »alles, was funktioniert, richtig ist«. Nun geht es darum, ihnen verständlich zu machen, dass es umgekehrt wahr ist: Weil Gottes Wege richtig sind, funktionieren sie auch im wirklichen Leben. Bei Lebensentscheidungen hängt es daher jeweils entscheidend davon ab, wessen Version von richtig und falsch wir zur Grundlage legen – die eigene oder die von Gott. Dabei gilt es, folgende Schritte zu beachten:

1. **Über die Entscheidungen nachdenken.** Gott hat in der Bibel allgemeingültige Maßstäbe für richtiges und falsches Verhalten festgelegt. Sie spiegeln gleichzeitig sein Wesen wider. Er hat zum Beispiel bestimmt, dass Ehrlichsein richtig und Lügen falsch ist. Er hat festgelegt, dass Sex innerhalb der Ehe gut und Sex außerhalb der Ehe nicht richtig ist. Er hat Gerechtigkeit zur Tugend bestimmt und Ungerechtigkeit verurteilt. Wir alle haben ständig wichtige Entscheidungen zu treffen, und es kommt darauf an, welche grundlegende Auffassung von richtig und falsch für uns gültig ist.

2. **Entscheidungen nach Gottes Richtlinien ausrichten.** Im nächsten Schritt gilt es, eine Aktion oder eine Einstellung im Licht der Maßstäbe Gottes zu prüfen. Wichtig ist nicht nur im Auge zu haben, »was gut für mich« ist, sondern vor allem, wer Gott ist und wie er richtig und falsch definiert.

    Wenn wir uns entscheiden, unser Denken und Tun nach Gottes Richtlinien auszurichten, dann sagen wir damit, dass für uns Gott wirklich Gott ist und wir ihn als Herrn unseres Lebens anerkennen. Indem wir unser Recht aufgeben festzulegen, was richtig und falsch für uns ist, erkennen wir Gottes Souveränität an und dass er allein das Recht hat, dies zu bestimmen.

3. **Gottes Wegen vertrauen.** Gottes Wegen zu vertrauen, ist leichter gesagt als getan. Es kostet uns Kraft und Überwindung, unsere Wege nach Gottes Wegen auszurichten. Niemandem fällt es leicht zuzugeben, sich geirrt zu haben. Aus diesem Grund ist es so verlockend, Entscheidungen danach zu treffen, was »richtig für mich« ist. So können wir alle unsere falschen Einstellungen und Handlungen rechtfertigen. Auch wenn wir unseren Egoismus und unsere Sündhaftigkeit erkannt haben, ist es im Alltag oft nicht so einfach, Gottes Wegen zu vertrauen und sich von ihm führen zu lassen. Durch eigene Kraft ist es unmöglich, Gottes Willen umzusetzen.

Aus diesem Grund hat er versprochen, uns mit seinem Geist auszurüsten.

4. **Mit Gottes Schutz und Fürsorge rechnen.** Wenn wir demütig anerkennen, dass Gott souverän handelt, und wir von ganzem Herzen der Führung durch seinen Geist folgen wollen, sind wir nicht nur in der Lage, zwischen richtig und falsch zu entscheiden, sondern wir erkennen auch Gottes liebevolle Absicht, uns zu bewahren und zu versorgen. Obwohl Gottes Schutz und seine Fürsorge nicht der wichtigste Beweggrund sein sollten, um Gott zu gehorchen, treibt uns seine Zusage umso mehr an, uns für das Richtige und gegen das Böse zu entscheiden.

Als Christen leben wir in einem ständigen Wachstumsprozess

Es ist ein Prozess, andere zu lieben, wie Gott uns liebt und unser Leben nach ihm auszurichten. Wir lernen das nicht sofort im Rahmen einer Schulung, sondern nur durch die Schule des Lebens selbst. Der Schlüssel dafür ist das Verständnis, dass gute Beziehungen und die richtigen Entscheidungen im Leben in direktem Zusammenhang mit unserer Beziehung zu Gott stehen. Unsere Aufgabe ist nun: *dieser Generation klarmachen, dass Gott ein Gott der Beziehung ist und sie Jesus immer ähnlicher werden kann, wenn sie mit seinem Geist und seinem Wort lebt. Das wirkt sich nicht nur positiv auf ihr Verhältnis zu den Mitmenschen aus, sondern auch auf ihre Lebensentscheidungen, die sie nun nach Gottes Willen treffen möchte.*

Was müssen wir noch erwähnen? Es gäbe noch viel zu nennen, weil nicht alles in dieser Welt perfekt ist. Sie ist voller Leid, Not und Schmerzen. Wenn wir die Jugendlichen aufrufen, Jesus Christus nachzufolgen, heißt das nicht, dass auf einen Schlag alles gut ist, dass keine Schwierigkeiten in ihrem Leben mehr auftreten, keine Tragödien passieren und Menschen leiden. Oder etwa doch? Können Christen etwas an dem Leid und Sterben in unserer Welt ändern? Sendet Gott uns und unsere Heranwachsenden nicht vielleicht mit einem Wiederherstellungsauftrag in die Welt, damit alles wieder so wird, wie er es einst beabsichtigt hat? Mit diesem aufregenden Auftrag wollen wir uns im nächsten Kapitel beschäftigen.

Kapitel 10
Den Gott der Wiederherstellung nahebringen

Die fünfundsechzigjährige Thelma saß im Wartezimmer eines Arztes und blätterte nervös in einer Zeitschrift. Ihr Mann unterhielt sich währenddessen leise mit seinem Sitznachbarn.

»Frau Miller«, kam es von der Arzthelferin. »Sie sind als Nächste an der Reihe.« Thelma und ihr Mann begaben sich in Richtung Sprechzimmer.

»Schön, Sie wiederzusehen.« Die Stimme des Arztes klang überfreundlich, als er ihre Karte mit den Befunden zur Hand nahm.

»Was ich jetzt sagen muss, fällt mir nicht leicht Frau Miller«, kam jetzt von ihm mit ernstem Unterton. »Die Tests bestätigen, dass Sie an Alzheimer im Anfangsstadion erkrankt sind.«

Erschrocken hielt sich Thelma ihre Hand an den Mund und seufzte tief. Das Gesicht ihres Mannes verfinsterte sich ebenso, als er tröstend den Arm um seine nach Fassung ringende Frau legte.

Während der nächsten 15 Jahre – damit sollte sie eines der längsten Krankheitsfälle werden – musste ihre Familie mitansehen, wie ihr Körper zerfiel und ihr Denken und Erinnerungsvermögen immer mehr durch die schlimme Krankheit vernichtet wurden. Die einst hübsche und lebendige Frau und Mutter war bald nur noch Haut und Knochen. Im Endstation, als sie nicht mehr selbstständig essen, reden, nicht mehr auf die Stimme und die Berührungen ihrer Lieben reagieren konnte, tat sie eines Tages ihren letzten Atemzug – zurück blieb eine trauernde Familie.

Irgendwann werden Sorgenfalten die Lachfalten auf unseren Gesichtern verdrängen, erleben wir Trauer statt Freude. Schmerz und Leid nehmen einmal den Platz von Glück und Gesundheit ein. Ob ein Mensch sein Leben Jesus anvertraut hat oder nicht: Abschied von Menschen, Trauer und Tod gehören dazu. Wie die Familie Miller müssen wir uns alle irgendwann hier auf Erden verabschieden von Menschen, die uns lieb geworden sind: Sogar in der Natur wird der qualvolle Schmerz über Tod und Sterben erlebt.

Seit Tausenden von Jahren leidet dieser Planet unter der Last des Fluches, der über diese Welt gekommen ist: Tornados und Stürme richten Schaden und Verwüstung an Leib und Leben an, harmlose Bächlein treten plötzlich über die Ufer und werden zu reißenden Strömen und das lustige Flackern eines Lagerfeuers entwickelt sich zum vernichtenden Buschfeuer, dem Wiesen, Tieren und Häuser zum Opfer fallen. Einst friedliche Tiere bekämpfen nun einander, um zu überleben und ihr Gebiet zu schützen. Vulkane entladen sich, speien Asche. Erdbeben bringen Gebäude ins Wanken. Die Sonne dörrt Felder aus, bringt Dürre. *»Denn wir wissen, dass die Schöpfung zusammen seufzt und zusammen in Geburtswehen liegt bis jetzt«* (Röm 8,22).

Zerstörung, Verfall dieser Erde und die Unvermeidlichkeit des Todes sind für uns greifbare Realität geworden. Jede Minute werden irgendwo auf der Welt Schmerzen und Verlust erlebt. Aber immer, wenn wir im Leben mit Schmerz und Leid konfrontiert sind, sträuben wir uns innerlich dagegen. In uns scheint sich dann eine Stimme zu erheben: »Das ist unsinnig.« Und wir haben die Hoffnung, dass morgen alles besser wird. Selbst wenn dem so wäre, wäre auch dies Leben nicht von Dauer, da wir eines Tages alles hier zurücklassen müssen. Auf jeden von uns wartet der Tod.

Jesus besiegt eines Tages den Tod

Es gibt aber eine gute Nachricht. Sie lautet, dass Gott nicht nur Erlösung schenkt und mit uns in einer lebendigen Beziehung leben will, sondern dass er auch alles wieder wie zu Beginn herstellen will. Gott nahm menschliche Gestalt an. Er starb für dich und mich als Opfer für unsere Sünden, damit wir wieder eine enge Beziehung zu ihm aufnehmen können. Doch die Erlösung und die persönliche Verbindung sind nur die ersten Abschnitte des gewaltigen Erlösungsplanes Gottes. Eines Tages möchte er alle Folgen der Sünde beseitigen, die Fluch für die Menschheit und unsere gesamte Welt bedeuten.

Die Sünde des ersten Menschenpaares – und deine Sünde – sind die Ursache des Todes. *»Und wie durch einen Menschen die Sünde in die Welt gekommen ist und durch die Sünde der Tod und so der Tod zu allen Menschen durchgedrungen ist, weil sie alle gesündigt haben«* (Röm 5,12). Der Fürst der Finsternis hat die Macht des Todes nicht nur über dich und mich als Einzelne in Händen, sondern über den ganzen Planeten. Nur so konnte dieser Fluch der Sünde außer Kraft gesetzt werden: Ein Mensch ohne Sünde musste sich nicht nur selbst opfern, sondern sich selbst auch wieder aus dem Tod erwecken können. Und das wiederum kann nur Gott selbst vollbringen. So wie die Bibel es sagt: *»Weil nun die Kinder Fleisches und Blutes teilhaftig sind, hat auch er in gleicher Weise daran Anteil gehabt, um durch den Tod den zunichte zu machen, der die Macht des Todes hat, das ist den Teufel«* (Hebr 2,14). Genau das hat Jesus vollbracht. Er starb für dich und mich und stand dann aus dem Grab auf, um den Tod zu besiegen.

Aber damit ist er noch nicht am Ende. Sein Opfertod und seine Auferstehung haben die Macht, die Sünde auszulöschen, und *»als letzter Feind wird der Tod weggetan. Denn alles hat er seinen Füßen unterworfen. Wenn ihm aber alles unterworfen ist, dann wird auch der Sohn selbst dem unterworfen sein, der ihm alles unterworfen hat, damit Gott alles in allem sei«* (1Kor 15,26-28). Dann und nur dann wird der Fluch der Sünde endgültig gebrochen sein, und alles wird wieder so hergestellt wie zu Beginn. Dann entstehen ein neuer Himmel und eine neue Erde, und der Gott des Heils wird wieder unter uns Menschen wohnen: *»Und ich hörte eine laute Stimme vom Thron her sagen: Siehe, das Zelt Gottes bei den Menschen. Und er wird bei ihnen wohnen und sie werden sein Volk sein, und Gott wird bei ihnen sein. Und er wird jede Träne von ihren Augen abwischen, und der Tod wird nicht mehr sein, noch Trauer, noch Geschrei, noch Schmerz«* (Offb 21,3-4). Das endgültige Ziel von Gottes Erlösung ist die Wiederherstellung seines Reiches zu einem neuen Himmel und einer neuen Erde.

Wir selbst mögen persönlich fest davon überzeugt sein, dass Gottes Reich eines Tages in eine völlig neue Schöpfung verwandelt wird und diese Lehre völlig verinnerlicht haben. Wir sind vielleicht persönlich fest davon überzeugt, dass ohne stellvertretenden Tod und ohne leibliche Auferstehung von Jesus Christus, dem Sohn Gottes, keine Erlösung möglich ist. Wir vertrauen vielleicht noch von Herzen den Worten: *»Wenn aber Christus nicht auferweckt ist, so ist euer Glaube nichtig, so seid ihr noch in euren Sünden«* (1Kor 15,17). Dennoch, auch wenn wir selbst die Wiederherstellung aller Dinge als wichtigen Punkt biblischer Glaubenslehre betrachten, so ist für Amerika Fakt, dass dies eine große Mehrheit der Jugendlichen aus gläubigem Elternhaus nicht mehr teilt und es für sie eher unwesentlich ist.

Wie bereits erwähnt, glaubt in den USA ein großer Teil der Gemeindejugendlichen (51%) nicht, dass Jesus aus dem Grab auferstanden ist. So alarmierend das auch sein mag, noch viel ernster ist die Tatsache, dass dieses falsche Denken das gesamte Realitätsbewusstsein junger Leute beeinflusst hat, sodass sie keinen Auftrag mehr für ihr Leben sehen. Studien haben belegt: Jugendliche, die kein richtiges Gottesbild und eine verzerrte Sicht der Wahrheit haben, sind in ihrer Lebenseinstellung doppelt so pessimistisch wie jene, die ihr Leben nach der Bibel ausrichten.[1] Wenn wir das Leben – mit all seinen Kämpfen und Schwierigkeiten – nicht aus einer ewigen, biblischen Perspektive sehen, schwinden Hoffnung und Optimismus.

Den wenigsten ist bewusst, dass 3,5 Millionen Teenies allein in den USA jährlich an Depressionen leiden und dass mehr als 8% der Erwachsenen Bevölkerung jedes Jahr mit schwerer Depression zu kämpfen haben.[2] Zweitausend Teenies begehen jedes Jahr Selbstmord, und weitere tausend unternehmen Versuche, die so ernst gemeint sind, dass sie anschließende fachärztliche Betreuung brauchen.[3] Darüber hinaus gibt es viele Teenies, die zwar kein Problem mit Depressionen haben, aber sonstige Probleme.

Viele Webseiten, Blogs, Computerspiele, Filme und Musiker greifen die inneren Kämpfe junger Menschen für eigene Zwecke auf. Sie schildern dunkle Welten, in denen Gewalt und Hass regieren. Musiker wie *Marylin Manson* und *Nine Inch Nails* haben die Ängste und Befürchtungen vertont, die viele Teenies bewegen. Es wird kontrovers diskutiert, ob diese Art der Jugendkultur Hoffnungslosigkeit, Selbstzerstörung und Gewalt fördert. Auf jeden Fall bleibt unbestritten, dass diese Gefühle vermarktet werden.

Unsere jungen Menschen brauchen daher Hoffnung, eine biblisch begründete Weltsicht und Sinnhaftigkeit für ihr Leben, um vor den Stürmen des Heranwachsens gewappnet sein. Sie müssen verinnerlichen, dass der Gott, der alles neu machen und wiederherstellen will, sie auch die Welt mit seinen Augen sehen lassen will. Er will sie an einem Auftrag beteiligen, der auch ihre Zukunft betrifft.

Gott hat uns Gemeinde geschenkt, damit wir gemeinsam sein Reich ewige Wahrheit werden lassen

Gottes Absicht ist es, alles so wiederherzustellen, dass das ursprüngliche Design seiner Schöpfung erkennbar wird. Zur Errichtung des Reiches Gottes gehört auch die neu erschaffene Erde. Schon in seinem Bund mit Abraham legte Gott fest, dass der Messias kommen würde, um einen besonderen Auftrag auszuführen. Er versprach, diese Erde wie auch unsere Körper neu zu machen. Der Apostel Paulus schreibt:

»... dass auch selbst die Schöpfung von der Knechtschaft der Vergänglichkeit freigemacht werden wird zur Freiheit der Herrlichkeit der Kinder Gottes ... auch wir selbst seufzen in uns selbst, und erwarten die Sohnschaft: die Erlösung des Leibes« (Röm 8,21.23).

Und wie setzt Gott dies um? Paulus erklärt uns dies so: *»Ein Leib und ein Geist, wie ihr auch berufen seid in einer Hoffnung eurer Berufung«* (Eph 4,4).

Der Gott, der alles wiederherstellen und neu machen will, hat uns mit seiner Gemeinde, dem Leib Christi, beschenkt. Er möchte mit uns gemeinsam den Auftrag ausführen, sein ewiges Reich wieder aufzurichten – zunächst in den Herzen von Männern und Frauen und am Ende in einem neuen Himmel und in einer neuen Erde. Die Gemeinde als eine Gemeinschaft von Jesus Nachfolgern ist ein sichtbares Werkzeug Gottes, um seine Botschaft zu verkündigen und seine Liebe weiterzugeben. *»So sind wir die vielen, ein Leib in Christus, aber auch Glieder voneinander«* (Röm 12,5).

Wenn etwas diese Generation berührt, dann ist es dies. Junge Leute sehnen sich nach einer Gemeinschaft von Menschen, die zueinander stehen, sich lieben und unterstützen. Mein Freund Dr. David Ferguson von *Intimate Life Ministries* macht in seinem Buch *Die niemals einsame Gemeinde* deutlich, wie wichtig Gemeinde als zeitgemäßer und sichtbarer Ausdruck von Jesu Liebe ist.

»Eine Gemeinschaft von Christen, zusammengehalten durch die tiefe Liebe zu Jesus, ist in der Lage, den Bedürfnissen des

Nächsten nach Trost, Sicherheit, Unterstützung und Zuwendung wiederum mit Liebe zu entsprechen.

Solch eine Botschaft schenkt dem tiefen menschlichen Bedürfnis nach einer lebendigen Beziehung mit Gott Beachtung und geht auf unseren tiefen inneren Wunsch ein, ihn mit Herz, Seele und Verstand zu lieben. Gott über alles zu lieben, steht oben an, denn das ist das ›erste und größte Gebot‹. Doch damit ist nicht Schluss. Jesus hat immer die Liebe zu Gott mit dem zweitgrößten Gebot der Nächstenliebe verbunden. Eine innige Beziehung mit dem Gott der Liebe, des Trostes, bedeutet Ermutigung und Hoffnung für andere. Das ist wichtiger Dienst.«[4]

Stellen wir uns nicht tief in unserem Herzen ein Miteinander genauso vor? Wenn wir ehrlich sind, ist es letztlich unser Wunsch, in Gemeinschaft mit anderen Christen zu leben und diese Erfahrung wiederum der nächsten Generation weiterzugeben. Der Gott der Wiederherstellung hat uns die Gemeinschaft mit anderen Gläubigen geschenkt und verglich dies mit einem Leib. Es war seine Absicht, dass er Menschen als Leib benutzt, um die verlorene Welt zu erreichen. Diesen spannenden und erfüllenden Auftrag gilt es, unseren jungen Leuten vor Augen zu führen.

Die Auferstehung ist Beweis und gleichzeitig der erste Schritt dieses Planes Gottes alles wiederherzustellen. Darüber hinaus demonstriert Jesus Christus seine Macht über den Tod, weil er auch in der Lage ist, alle Begleiterscheinungen des Todes zu überwinden, die in dieser Welt ihr zerstörerisches Werk tun. So will er wieder die einstige Vollkommenheit des Gartens Eden Wirklichkeit werden zu lassen. Wir müssen folglich jungen Leuten nicht nur die wiederherstellende Bedeutung von Jesu Auferstehung verdeutlichen, sondern auch betonen, dass es sich um eine objektiv wahre historische Tatsache handelt und ihnen die Beweise zugänglich machen. Wenn junge Leute verstehen, wie real Gottes Plan der Wiederherstellung ist und sie die Tatsache erfasst haben, dass der auferstandene Christus die Macht hat, alles Leiden und Sterben zu beenden, ist ihnen das eine Hilfe, um diese Botschaft anderen weiterzugeben. Wie sollen nun die jungen Leute und jeder Einzelne auf Gottes Wiederherstellungsplan für diese Welt antworten? Was bedeutet das Geschenk seiner Gemeinde als dem organisch miteinander verbundenen Leib Christi für uns persönlich?

Unsere erste Antwort
Ein Leben des geistlichen Kampfes

In 1. Johannes 5,19 heißt es: *»Wir wissen, dass wir aus Gott sind, und die ganze Welt liegt im Bösen.«* Adams und Evas Sünde war der Anlass für Satans Wirken in dieser Welt, denn nun machte er sie zu seinem Reich der Finsternis. Dennoch gehört ihm Gottes Schöpfung nicht rechtmäßig, sondern Gott, und sie wurde uns und unseren Kindern als Erbe gegeben. Der neue Himmel und die neue Erde sind ebenso unser Erbe, und Gottes Reich wird eines Tages wieder die Herrschaft übernehmen. Dennoch wird der Feind nicht kampflos aufgeben. *»Denn unser Kampf ist nicht wider Fleisch und Blut, sondern gegen die Gewalten, gegen die Mächte, gegen die Weltbeherrscher dieser Finsternis, gegen die geistigen Mächte der Bosheit in der Himmelswelt«* (Eph 6,12).

Wir befinden uns inmitten eines massiven Konflikts, aber der

Hauptfeind sind weder eine gottlose Kultur oder sogar böse Menschen dieser Welt. Der entscheidende Kampf wird vielmehr zwischen zwei Reichen geistlich ausgetragen: dem Reich dieser Welt und dem Reich Gottes. Jugendliche brauchen daher Anleitung, wie sie sich innerlich und gedanklich auf diese Realität einstellen können. Darüber hinaus brauchen sie Hilfe und Zurüstung für die damit verbundene Auseinandersetzung zwischen Licht und Finsternis.

Es ist daher wichtig, dass man die Welt mit biblischen Augen sieht – als gestohlenes Reich, das vorübergehend unter der Herrschaft des Feindes ist und eines Tages vergehen wird. Um C. S. Lewis zu zitieren: »Christen leben im Feindesland.«[5] Satans Herrschaft über diese Erde ist nur vorübergehend. Jesus regiert jedoch über ein Reich, das nicht »von dieser Welt ist«, wie er vor Pontius Pilatus erklärte (siehe Joh 18,36). Wir befinden uns zwar gegenwärtig unter der Tyrannei Satans, unser Leben ist kurz, und der Tod wird früher oder später unser aller endliches Schicksal sein. Jakobus schreibt daher: *»Denn ihr seid ein Dampf, der eine kleine Zeit sichtbar ist und dann verschwindet«* (Jak 4,14).

Doch die Begrenztheit unseres Lebens und unsere Erwartung eines neuen Reiches bedeuten nicht, dass uns diese Welt gleichgültig sein sollte. Vielmehr wird das Reich Gottes als Erstes wieder in den Herzen und in den Gedanken von Gottes erlösten Kindern aufgerichtet. Das heißt in der Folge, dass wir uns einem gewaltigen Kampf im geistlichen Bereich stellen müssen, um in der jetzigen Zeit Menschen dafür zu gewinnen, sich Jesus anzuvertrauen und seinen Worten zu glauben.

Junge Menschen von heute mögen vom Zeitgeist verwirrt sein. Aber ich gehe davon aus, dass sie Ideale haben und sich gerne für eine gute Sache engagieren möchten. Sie öffnen sich, wenn ihnen bewusst wird, dass Gott eines Tages wieder alles erneuern und gut machen will. Wenn sie dieses Konzept der Erneuerung und Wiederherstellung begreifen und davon überzeugt sind, dass die Tatsache der Auferstehung Jesu zu Beginn dieses Prozesses steht, fällt ihnen der Schritt unter Umständen leichter, sich von Gott rufen zu lassen und sich für eine größere, übergeordnete Sache zu engagieren. Unsere Aufgabe ist es, Jugendlichen begreifbar zu machen, in welcher Situation wir uns befinden.

Wir haben es mit einem Respekt einflößenden Feind zu tun. Und die geistliche Auseinandersetzung, in der unsere jungen Leute stehen, ist in Wirklichkeit Teil der Wiederherstellung des ewigen Reiches Gottes. *»Indem ihr die Ankunft des Tages Gottes erwartet und beschleunigt, um dessentwillen die Himmel in Feuer geraten und aufgelöst und die Elemente im Brand zerschmelzen werden. Wir erwarten aber nach seiner Verheißung einen neuen Himmel und eine neue Erde, in denen Gerechtigkeit wohnt«* (2Petr 3,12-13).

Petrus scheint anzudeuten, dass wir diesen Tag beschleunigen können. Aber wie? Er führt weiter aus: *»Daher Geliebte, da ihr dies erwartet, befleißigt euch, unbefleckt und tadellos von ihm in Frieden erfunden zu werden«* (V. 14). Wenn wir Jesus erlauben, dass er sein Leben dauerhaft in uns sichtbar macht, hilft das der Umsetzung des Reiches Gottes. Wir lesen in der Bibel: *»Das Reich Gottes ist nicht Essen und Trinken, sondern Gerechtigkeit und Friede und Freude im Heiligen Geist«* (Röm 14,17). Nach biblischen Maßstäben zu leben, bedeutet, die Welt mit den Augen Gottes zu sehen und sein Reich voranzubringen. Deshalb *»...zieht die ganze Waffenrüstung an, damit ihr gegen die Listen des Teufels bestehen könnt«* (Eph 6,11).

Es gilt, jungen Menschen aufzuzeigen, wie sie im geistlichen Kampf um die Wiederherstellung des Reiches nach Gottes einstigem Plan bestehen können. Wir müssen ihnen erklären, was es heißt, im Glauben zu leben, Gott Ehre zu bringen, ein regelmäßiges Gebetsleben zu führen, Nächstenliebe zu üben und Entscheidungen nach Gottes Willen zu treffen. Damit Menschen sich für den Bau des ewigen Reiches Gottes effektiv engagieren können, hat er uns die Gemeinde als seinen Leib gegeben.

Wenn wir alle Möglichkeiten nutzen, die er uns gegeben hat, kann Jesu Sieg durch uns wirksam und der Feind des Reiches Gottes eines Tages vernichtet werden, wie es in seinem Wort heißt: *»Denn alles, was aus Gott geboren hat, überwindet die Welt. Denn dies ist der Sieg, der die Welt überwunden hat, unser Glaube«* (1Jo 5,4-5).

Unsere zweite Antwort:
Ein geistlich fruchtbares Leben

Unsere Antwort auf Gottes Absicht der Wiederherstellung erfordert von uns selbst geistliches Fruchtbringen. Mit anderen Worten: Wenn wir uns daran beteiligen, Menschen zum Glauben an Jesus und zu einer persönlichen Beziehung mit Gott zu führen und ihnen darüber hinaus helfen, seine Jünger zu werden, ist das ein Beitrag zur Umsetzung von Gottes ursprünglichem Plan.

Paulus erklärt, dass Jesus uns beauftragt hat, Beziehungen wieder herzustellen. Während Jesu Zeit auf der Erde *»hat Gott uns mit sich selbst versöhnt durch Christus und uns selbst den Dienst der Versöhnung gegeben«* (2Kor 5,18).

Gott hat Jesus gesandt, um die Beziehung zu den Menschen wiederherzustellen. Nun lebt der Heilige Geist in uns und hat in uns »*das Wort der Versöhnung gelegt. So sind wir nun Gesandte an Christi Statt, indem Gott gleichsam durch uns ermahnt: Lasst euch versöhnen mit Gott*« (2Kor 5,19-20). Gott möchte uns und junge Menschen an diesem Auftrag beteiligen, indem wir durch unser Verhalten, durch unsere Worte und Taten Menschen für ihn gewinnen. Dabei geht es nicht um Missionsstatuten, denen wir verstandesmäßig zustimmen sollen, sondern um ein aktives, lebenslanges Engagement.

Rick Warren schreibt in seinem Buch *Leben mit Vision*:

> »Der Philosoph William James sagte: ›Am besten setzt man sein Leben für etwas ein, das es überdauert.‹ Nur das Reich Gottes wird alles überdauern. *Alles andere* wird vergehen ... Wenn Sie es versäumen, ihren von Gott gegebenen Auftrag auf der Erde zu erfüllen, verschwenden Sie das Leben, das Gott ihnen geschenkt. Paulus sagte: ›*Aber ich achte mein Leben nicht der Rede wert, damit ich meinen Lauf vollende und den Dienst, den ich von dem Herrn Jesus empfangen habe: das Evangelium der Gnade Gottes zu bezeugen*‹ (Apg 20,24).«[6]

Für viele bedeutet Evangelisation Verkündigung in einer Großveranstaltung oder Präsentation der wesentlichen Punkte des Evangeliums im Einzelgespräch. Es muss aber ein Lebensstil sein – ein ständiger Auftrag, Menschen wieder in Verbindung mit Gott zu bringen – und nicht nur durch Predigt von der Kanzel. Es geht auch um die Art und Weise, wie wir leben, wie wir in Alltagssituationen reagieren, anderen begegnen und welche Bedeutung

Werte und Wahrheit täglich bei uns haben. Evangelisation ist nämlich ein fester Bestandteil biblischer Grundhaltung. Die Bewährung dieses Konzepts erkennen wir daran, dass wir gerade dann oft Menschen ein Vorbild und eine Hilfe sind, wenn sie bei uns beobachten, wie wir durch Krisen, Leiden und Verfolgung gehen. Wenn nämlich alles glatt läuft und toll ist, ist es nicht schwer, Liebe, Freude und Geduld zu zeigen. Doch wie sieht es aus, wenn alles »verrückt« spielt und die Stürme des Lebens über uns hereinzubrechen scheinen? Wenn wir in diesen schweren Zeiten nach dem Vorbild Jesu Liebe, Freude und Geduld zeigen, wird unser Umfeld hellhörig. Schwere Zeiten sind daher geeignete Zeiten für Gott, um seine Liebe, Freude und seinen Frieden in unserem Leben sichtbar zu machen. Es sind wunderbare Gelegenheiten, die er nutzen möchte, um Menschen zu sich zu ziehen.

Wichtig ist, dass wir selbst als Christen in Leid und Schwierigkeiten geduldig und vorbildlich reagieren und auch diese Umstände als Teil des geistlichen Reifeprozesses betrachten, um so Jugendlichen Mut zu machen. Auf diese Weise fällt es ihnen leichter zu begreifen, dass wir als Nachfolger Jesu dazu bestimmt sind, einmal für immer mit einem neuen Körper auf einer neuen Erde zu leben – eine Existenz, die unsere kühnsten Träume derart übersteigt, dass *die Leiden der jetzigen Zeit nicht ins Gewicht fallen gegenüber der künftigen Herrlichkeit*«. Denn wir »*erwarten die Sohnschaft: die Erlösung unseres Leibes*« (Röm 8,18.23). Und dieses Erbe kann nicht vergehen, denn es ist im Himmel aufbewahrt (1Petr 1,4).

Wenn wir den jungen Menschen nahebringen, dass Gott ein Gott der Wiederherstellung ist, werden wir seinem Auftrag gerecht: eine Generation heranbilden, die bereit ist, *Gottes Reich* voranzubringen, für den Glauben einzutreten und geistlich Frucht zu bringen. So ausgerüstet können unsere jungen Leute aufgrund ihrer biblischen Grundeinstellung mit Paulus sagen:

»In allem sind wir bedrängt, aber nicht erdrückt, keinen Ausweg sehend, aber nicht ohne Ausweg, verfolgt aber nicht verlassen; niedergeworfen, aber nicht vernichtet. Denn wir wissen, dass der, welcher den Herrn Jesus auferweckt hat, auch uns mit Jesus auferwecken und mit euch vor sich stellen wird. Deshalb ermatten wir nicht, sondern wenn auch unser äußerer Mensch aufgerieben wird, so wird doch der innere Tag für Tag erneuert. Denn das schnell vorübergehende Leichte unserer Bedrängnis bewirkt uns ein über die Maßen überreiches Gewicht von Herrlichkeit, da wir nicht das Sichtbare anschauen, sondern das Unsichtbare; denn das Sichtbare ist zeitlich, das Unsichtbare aber ewig« (2Kor 4,8-9.14-15.16-18).

Kapitel 11
Prozessorientierter Ansatz

»Ist sie nicht eine schöne Braut«, kam es über die Lippen einer Dame mit breitkrempigem Hut, die in der vierten Reihe saß und beobachtete, wie Melissa zum Altar »schwebte«.

»Und ich will nicht daran denken, wie teuer ihr Brautkleid war«, raunte der Banknachbar ihr zu.

Bräutigam Mike stand aufrecht da und hatte Schweißperlen auf seiner Stirn. Seine Augen begannen nervös zu zucken, als seine Braut immer näher kam.

»Liebe Gemeinde«, begann der Pastor. »Wir sind hier zusammengekommen, um in Gottes Gegenwart diesen Mann und diese Frau in heiliger Ehe zu vereinen.«

In der Mitte des Gottesdienstes wurden die Eheversprechen gegeben. Der Pastor wandte sich zuerst an die junge Braut: »Melissa, versprichst du, Mike zu lieben, zu achten, für ihn da zu sein in guten und in schlechten Tagen, in Armut und Reichtum, in Krankheit und Gesundheit, allem anderen zu entsagen und ihm in Treue anzuhangen, bis dass der Tod euch scheidet?« Sie antwortete mit ja, und nachdem auch Mike das getan hatte, sagte der Pastor schließlich: »Ich erkläre euch nun zu Mann und Frau. Du darfst die Braut küssen.«

Dann kamen die Flitterwochen, eine Familie wurde gegründet, ein Heim geschaffen, und der Alltag kehrte ein mit all seinen Problemen und dem Anspruch, das Miteinander immer mehr zu festigen. Irgendwann fanden sich dann Mike und Melissa dennoch im Zimmer des Eheberaters wieder. Während Melissa redete, klopfte sich Mike sehr nervös mit den Händen auf die Knie.

Die junge Ehefrau erklärte, dass die Gemeinsamkeit mit Mike verlorengegangen sei: »Selbst nach Feierabend, wenn wir beide von der Arbeit zu Hause sind, meine ich immer noch, einen fremden Menschen um mich zu haben. Da ist irgendwie eine Distanz, wenn wir zusammen sind.«

Mike hingegen erklärte dem Eheberater, dass er aufgrund seiner vielen Arbeit nicht mehr so überschwänglich wie einst sein könne. Wenn er nach Hause käme, würden so viele Aufgaben zusätzlich auf ihn warten. »Ich habe das Gefühl, dass ich unglaublich viel für sie tue, und ich weiß nicht, warum sie noch mehr verlangt«, ließ er wissen.

Genau an diesem Punkt meldete sich Melissa. Viel wichtiger als alles, was er für sie tat, war ihr der Wunsch nach mehr Zeit füreinander.

Und genau hier zeigte sich Mike ratlos.

Beziehungen brauchen Zeit und Wachstum

Viele Ehepaare kommen an den Punkt, an dem sie sich emotional auseinandergelebt haben. Zu Beginn einer christlichen Ehe steht die Hochzeit, bei der sie sich als Mann und Frau verbinden. Während der Flitterwochen erleben sie Intimität, aber irgendwann bleibt das einstige tief vertraute Miteinander auf der Strecke. Wenn ein Ehepaar nicht lernt, dass Zweisamkeit in einer Beziehung wachsen muss, werden sich die beiden zweifellos auseinanderleben und emotional immer mehr voneinander entfernen.

Melissa wollte gar nicht, dass Ehemann Mike noch mehr Einsatz für sie zeigte, sondern sie vermisste seine emotionale Nähe. Nähe und Vertrautheit in einer Beziehung lassen sich nicht durch ein großes Fest, große Emotionen zu Beginn der Ehe oder besondere Aktionen für den anderen erzwingen. Beziehungen gewinnen an Vertrautheit, wenn man lernt, mit diesem Menschen Zweisamkeit zu erleben; indem man Herz, Seele und Verstand für ihn öffnet, so dass Beziehungsnähe stattfindet. Das ist auch auf unsere Beziehung mit Gott übertragbar.

Sowohl wir selbst als auch die Jugendlichen haben vielleicht Vergebung erfahren und folgen Jesus gehorsam nach, aber das ist nicht alles. Er möchte mit uns ein »Miteinander«, d.h. in einer Beziehung leben. Wie Mose sagte: *»Und du sollst den Herrn deinen Gott lieben von ganzem Herzen und mit deiner ganzen Seele und mit deinem ganzen Verstand«* (5Mo 6,5). Natürlich ist es sein Anliegen, dass wir seinen Geboten gehorchen und nach seinem Willen leben – aber das alles dient dazu, dass unsere Verbindung zu ihm lebendig und intakt ist.

Sein Wunsch ist es, dass unser Herz einen »Draht« zu seinem Herzen findet, unsere Gedanken mit seinen Gedanken übereinstimmen und unser Leben ein Duplikat seines Lebens wird. Aber dies geschieht nicht ohne einen geistlichen Reifeprozess, der die Beziehung zu Jesus vertieft.

In diesem Buch versuchen wir, die Schritte dieses Prozesses aufzuzeigen. Zusammengefasst:

- **den Erlösergott kennenlernen,** der sein Leben für uns gegeben hat, damit wir wieder seine Kinder werden können und ihm antworten, indem wir mit seiner Hilfe ein Leben wachsenden Glaubens, tiefer Anbetung und ständigen Gebets führen lernen.

- **den Gott der Beziehung kennenlernen,** denn er hat uns seinen Geist und sein Wort geschenkt, damit wir in einer persönlichen Verbindung mit ihm leben und darauf antworten können. Das geschieht, indem wir mit seiner Hilfe lernen, ein Leben in der Kraft des Geistes zu führen, andere zu lieben, so wie er uns liebt und im Alltag Entscheidungen nach seinem Willen zu treffen.

- **den Gott der Wiederherstellung kennenlernen,** der Jesus aus den Toten auferweckt und uns seine Gemeinde geschenkt hat, um alles nach seinem ursprünglichen Plan zu erneuern. Hier erwartet er unsere Antwort und Bereitschaft, seinen Willen in dieser Welt auszuführen, uns der geistlichen Auseinandersetzung zu stellen und geistliche Frucht zu bringen.

Jetzt mag der Einwand von Verantwortlichen aus der Jugendarbeit kommen: »Das hört sich gut an, und ich habe das auch zum Teil meinen Jugendlichen versucht deutlich zu machen, aber mit nur mäßigem Erfolg.« Vielleicht brauchen viele so wie ich einfach von Zeit zu Zeit eine Erinnerung und ganz praktische Anleitungen zur Umsetzung dieses Zieles.

Persönlich und in meinem Dienst haben mir vier Testfragen

geholfen, um das Ziel des geistlichen Reifeprozesses nicht aus den Augen zu verlieren und anderen dabei zu helfen. Vielleicht sind sie auch meinen Lesern eine Hilfe, um den prozessorientierten Dienst umzusetzen.

Frage:
Wer bin ich selbst, und was ist meine Aufgabe?

Der Apostel Paulus sagt: *»Jedem Einzelnen von uns aber ist die Gnade nach dem Maß der Gabe Christi gegeben worden«* (Eph 4,7). Was sind meine besonderen Gaben? Zu welchem besonderen Dienst bin ich beauftragt worden? Sind meine spezifischen Gaben für meinen Dienst geeignet? Ich möchte Mut machen, diese Fragen nach unserer eigentlichen Identität zu stellen, um herauszufinden, was uns als Person und unsere Aufgabe einzigartig macht. Solange unklar ist, wer man ist, und man seinen Dienst nicht definiert hat, wird man Mühe haben zu erkennen, wo und wie man als Leiter andere in diesem geistlichen Reifeprozess begleiten kann. Was treibt und motiviert mich? Gebrauche ich meine besonderen Talente und Begabungen? Was sind meine Stärken? Es ist entscheidend wichtig, darauf eine Antwort zu wissen, um effektiv wirken zu können.

Ich habe sehr viele Pastoren und Jugendleiter in ihrem Dienst scheitern sehen, weil sie weder um ihre eigene Identität wussten, noch Sinn und Zweck ihrer persönlichen Begabung verstanden. Aufgrund dessen haben sie sich an Aufgaben versucht, zu denen sie eigentlich gar nicht in der Lage waren. Wenn wir unsere Berufung und Persönlichkeit kennen, kann Gott unsere Stärken besser nutzen. Das macht uns auch bereit, von anderen Menschen mit deren Gaben ergänzt zu werden, sodass unsere Schwächen bedeutungslos werden.

Zu wissen, wo die persönlichen Stärken liegen, mag für manche zu einem demütigenden Prozess gehören, weil man sich anschließend dem stellen muss, was man *nicht* kann. Es erfordert von uns zuzugeben, dass wir andere Menschen brauchen, die unsere Schwächen ausgleichen. So sind zum Beispiel einige Pastoren sehr fähig in der persönlichen Seelsorge, haben aber Mühe, ansprechend und tiefgründig zu predigen. Einige Jugendleiter sind äußerst kreativ, wenn es darum geht, Freizeitaktivitäten zu planen, haben aber Mühe, jungen Menschen fundierte Bibelarbeiten zu halten.

Wenn wir uns unserer individuellen Bestimmung innerhalb des Leibes Christi bewusst werden, ist uns das Anstoß, uns immer mehr mit anderen Gemeindegliedern auf eine Weise zu vernetzen, sodass die Stärken jedes Einzelnen zur Entfaltung kommen und die Schwächen nicht mehr relevant sind. So wird effektiver Dienst möglich, weil alle ihre Gaben in dem gemeinsamen Auftrag einsetzen, den Jugendlichen Gott näher zu bringen und ihnen zu helfen, seinem Anspruch durch ihr Leben gerecht zu werden.

Frage:
Was ist die Existenzberechtigung meines Dienstes?

Bei dieser Frage geht es darum, welches Motiv hinter dem Engagement für eine bestimmte Aufgabe steht. Warum arbeite ich in der Kinderarbeit, in der Jugendgruppe, in einem Hauskreis mit? Was ist der Grund meiner persönlichen Mitarbeit in bestimmten Bereichen? Paulus beantwortet diese Frage in Epheser 4,12-13:

»... damit sie die, die Gott geheiligt hat, zum Dienst ausrüsten und so der Leib des Christus aufgebaut wird mit dem Ziel, dass wir alle die Einheit im Glauben und in der Erkenntnis des Sohnes Gottes erreichen; dass wir zu mündigen Christen heranreifen und in die ganze Fülle hineinwachsen, die Christus in sich trägt.«

Ist das nicht der geistliche Begleitungsprozess, den wir anstreben? Geistliche Leiter und Pastoren sollen Gottes Volk »zurüsten«, den »Leib erbauen« und bei Christen »die volle Reife« des geistlichen Lebens bewirken. Wir, die wir auf der Kanzel und im Verkündigungsdienst stehen, gehen viel zu oft davon aus, dass mit der Predigt alles getan sei. Doch in Wirklichkeit beginnt jener Dienst des »Zurüstens« und »Ausrüstens« des Leibes Christi lediglich mit einem Gespräch oder mit einer Predigt. Entscheidend ist, was nach den Predigten oder Veranstaltungen in den Hauskreisen, Zweierschaften und persönlichen Gesprächen geschieht. Persönlich glaube ich nicht, dass mein Verkündigungsdienst ausreichte, wenn nicht anschließend Kleingruppenleiter die weitere Betreuung übernehmen würden, um die von mir weitergegebene Botschaft zu vertiefen.

Letztendlich geht es um ein gemeinsames Bemühen, von mir und auch von denjenigen, die andere im Glauben weiterführen und ihnen helfen, geistlich zu wachsen. Wenn nicht jeder Einzelne von uns mit seinen unterschiedlichen Gaben bemüht ist, durch seinen Dienst auch den der anderen zu ergänzen, werden wir das nicht schaffen. Im Gegenteil, der ganze Prozess verliert Zusammenhalt und Mitte und wird bald ineffektiv.

Die Ortsgemeinden müssen lernen, geistliches Wachstum daran zu messen, ob mehr Lebendigkeit im Glaubensleben und Tiefe in der

Anbetung sichtbar wird, ob die Liebe untereinander, die Bereitschaft Gottes Willen zu tun, Frucht zu bringen und für ihn einzustehen zunimmt. Wenn Paulus von *»in die ganze Fülle hineinwachsen«* spricht, dann ist die Person Jesu das Vorbild für uns.

Alle von uns, die geistliche Verantwortung tragen und Menschen im geistlichen Reife- und Wachstumsprozess begleiten, brauchen ihn als Leitbild. Junge Leute und Erwachsene lernen von unserem Beispiel, wie wir uns an Christus orientieren oder auch nicht. Daher kommt unserem persönlichen Vorbild hier eine starke Musterrolle zu.

Frage:
Was ist das Ziel unseres Dienstes?

Das ist die alles entscheidende Frage: Wo geht mein Dienst eigentlich hin, und was will ich erreichen? Das zu klären hilft zu erkennen, ob man auf dem richtigen Weg ist und Gottes Bestimmung folgt. Ein geistlicher Reifeprozess zielt immer darauf ab, Jesus ähnlich zu werden. Um mit den Worten von Paulus zu reden: *»Lasst uns die Wahrheit bekennen in Liebe und in allem hin wachsen zu ihm, der das Haupt ist, Christus«* (Eph 4,15). Was auch unser Dienst sein mag und wie er auch auszuführen ist, wenn er nicht dazu beiträgt, dass Menschen Christus ähnlicher werden, müssen dieser Dienst und seine Zielsetzung in Frage gestellt werden.

Leider ist zu befürchten, dass die Zielsetzung vieler Gemeinden und Jugendgruppen insgeheim vor allem Mitgliederwachstum ist. Folglich definieren viele Pastoren und Jugendmitarbeiter ihren Erfolg anhand von Mitgliedszahlen. Bedeutet jedoch eine große, vollbesetzte Gemeinde oder Zulauf in die Jugendtreffs, dass Menschen Christus immer ähnlicher werden?

Ist geistliches Wachstum gleichbedeutend mit steigenden Mitgliederzahlen? Im Großen und Ganzen verfügen wir in den USA über eine religiöse Struktur mit christlichen Gemeinden. 84% der amerikanischen Erwachsenen bezeichnen sich selbst als Christ. Erstaunlicherweise geben 6 von 10 Erwachsenen (59%) an, dass sie jeden Tag zu Gott beten. Nur weil Menschen sich Christen nennen und in großen Zahlen Kirchen und Gemeinden besuchen, bedeutet das aber nicht, dass die Gemeinden ihren Auftrag erfüllt haben und Menschen mit tiefgreifender Lebensveränderung hervorbringen, die Jesus Christus mit Ernst nachfolgen. Nach einer Untersuchung des Barna-Institutes in den USA wird bei 96% der Erwachsenen, die bekennen wiedergeboren zu sein, und bei 98% der Jugendlichen mit gleichem Bekenntnis nichts vom Wesen Jesu in ihrem Leben und in ihren Taten sichtbar.[3] Daher sollten wir uns in der Gemeindearbeit nicht mehr allein auf steigende Zahlen konzentrieren, sondern es muss uns darum gehen, dass Menschen von uns erfahren, was es heißt, Nachfolger Jesu zu sein.

Das bedeutet wiederum nicht, Mitglieder- und Spendenwachstum gering zu schätzen, aber beim prozessorientierten Dienst geht es nicht primär um Besucherzahlen oder Euros. Wichtig ist viel mehr, alles zu tun, damit Menschen erkennen, wer Gott ist, und wissen, wie sie darauf antworten können, um Jesus ähnlicher zu werden. Damit der Dienst effektiv und in der richtigen »Spur« bleibt, müssen wir uns daher immer wieder fragen: Was ist unser Ziel? Auch die Wahl des richtigen Materials für Sonntagsschule und Hauskreise muss nach dem Gesichtspunkt geschehen: Was ist unser Ziel? Kommen wir so voran? Ist das nicht der Fall, sollten wir nach Material Ausschau halten, das uns weiterhelfen kann.

Frage:
Wie erreichen wir das Ziel unseres Dienstes?

Wer seine eigentliche Berufung, den individuelle Auftrag von Gott und das Ziel seines Dienstes herausgefunden hat, kann als nächsten Schritt ein prozessorientiertes Konzept entwerfen.

Dazu braucht man Mitstreiter gleichen Sinnes und mit gleicher innerer Einstellung. Denn so funktioniert Gemeinde als Leib Christi: Wir tun unseren Dienst niemals allein.

Wir müssen unter Gebet Gleichgesinnte suchen und gemeinsam planen, wie wir andere Menschen durch einen geistlichen Reifeprozess führen und begleiten können. Wie Paulus sagte: *»Aus ihm wird der ganze Leib zusammengefügt und verbunden durch jedes der Unterstützung dienende Gelenk, entsprechend der Wirksamkeit nach dem Maß jedes einzelnen Teils; und so wirkt er das Wachstum des Leibes zu seiner Selbstauferbauung in Liebe«* (Eph 4,16). Um Menschen anzuleiten, Christus ähnlicher zu werden, brauchen wir:

1. ein Konzept, bei dem Menschen verstehen, wer sie sind und wissen, wo ihre Gaben liegen;
2. ein Konzept, bei dem Menschen eine klare Vorstellung haben, wie sie anderen vermitteln können, wer Jesus ist, was er uns schenken will und wie man zu ihm findet bzw. ihn in alle Bereiche des Lebens hineinnimmt;
3. ein Konzept, bei dem Menschen selbst geistliches Vorbild sind und christusähnlich leben. So sind sie für andere Motivation, Hilfe und Stütze, Jesus immer mehr nachzufolgen.

Dieser prozessorientierte Ansatz hat zum Ziel, Menschen zu-zurüsten, dass sie in ihrem Leben geistlich wachsen und in der Liebe zu Gott und zum Nächsten erstarken. Es geht dabei um eine Entwicklung, bei der die Verbindung zu Jesus vertieft wird. Auf die Merkmale eines solchen Dienstes gehen wir im nächsten Kapitel ein.

Kapitel 12
Merkmale des prozessorientierten Ansatzes

Entscheidend ist, dass wir in unserem Dienst an jungen Menschen wissen, was unsere spezifischen Begabungen sind, was unser Ziel ist und wie wir es erreichen wollen. Wir sehen uns nun die fünf wesentlichen Merkmale des prozessorientierten Ansatzes an, obwohl es weit mehr geben mag, um daraus ein Konzept zu erstellen. Dabei geht es weniger darum, was wir alles in Angriff nehmen müssen. Sondern darum, wo wir umdenken müssen, wenn wir uns umfassend auf einen prozessorientierten Ansatz einlassen, damit Menschen »in allen Dingen Christus ähnlicher werden«.

1. Ein prozessorientierter Ansatz hat Mission im Blick

Wenn wir Mission im Blick haben, ist es unser Anliegen, Gemeindefremde zu erreichen und Christen im Glauben zu stärken. Unser Denken wird davon bestimmt, Menschen durch einen geistlichen Reifeprozess zu begleiten, und wir richten alle unsere Bemühungen auf dieses Ziel aus. Das steht im Kontrast zur »durchstrukturierten Gemeindeform«, die in erster Linie Andersdenkende mit Events und guten Programmen erreichen möchte.

Eine solche *missionale Gemeinde* ist vor allem eine Gemeinschaft von Christen, die die kritischen Fragen beantwortet, die wir im vorigen Kapitel gestellt haben. Sie hat genaue Ziele bestimmt, warum man sich als Leib zusammenfindet. Dazu gehört zum einen, dass man den Herrn anbetet (Christus für das ehrt, was er ist und was er für uns bedeutet), ein anderer Schwerpunkt ist Lehre, Schulung und Vermittlung von Bibelwissen, ohne dass es dabei vor allem um Selbsterbauung geht. Eine solche Gemeinde weiß, welche Wesenszüge von Gott und Jesus Christus sie den Menschen deutlich machen muss, die zu ihnen kommen und die Begleitung brauchen.

Kleingruppen für Glaubensgrundkurse oder Hauskreise, wie sie manchmal genannt werden, eignen sich am besten zur Umsetzung dieses prozessorientierten Dienstgedankens. Sie bieten Zeit und Gelegenheit, um voneinander zu lernen und sich auszutauschen, wie man die gewonnenen geistlichen Erkenntnisse im Alltag leben kann. Man kann sich darüber hinaus als Gruppe Aufgaben und Übungen stellen und die jeweiligen Erfahrungen eine Woche später in der Kleingruppe diskutieren. Solche Zusammenkünfte bilden den Kern der missionalen Gemeinde, und sie haben sich in vielen Ländern als effektives Mittel des Gemeindewachstums bewährt. Und ich möchte dazu ermuntern, diese Chance zu ergreifen und in den Kleingruppen einen geistlichen Wachstumsprozess zu ermöglichen.

Nachdem es einem Pastor gelungen war, viele seiner Gemeindeglieder in einen Hauskreis einzubinden, musste er kurz darauf enttäuscht feststellen, dass die meiste Zeit damit zugebracht wurde, die eigenen Vorstellungen über die Bedeutung der verschiedenen biblischen Texte auszutauschen. Daher überlegte er sich einen Plan, wie das zu verbessern sei.

Er startete eine Predigtreihe, in dem er die Bibel Buch für Buch behandelte. Ergänzend dazu formulierte er wöchentlich anhand des Textes Fragen für die Gesprächskreise, druckte sie aus und verteilte sie. Die wöchentliche Predigt war somit die Grundlage der Gesprächsgruppen, sie stellte den biblischen Text in den richtigen Zusammenhang, damit man ihn in den Kleingruppen vertiefen konnte. Im Verlauf der Zeit entstanden durch diese Initiative weitere neue Gruppen, bis die Gemeinde über 80 Kleingruppen pro Woche hatte, die jeweils den sonntäglichen Predigttext durchgingen. Die Gemeindeglieder wurden so herausgefordert, die Wesenszüge Jesu, die in den Kleingruppen am Text erarbeitet worden waren, im Alltag auszuleben. Bald wuchs die Gemeinde auf das Doppelte (über dreitausend Neuzugänge in einem Jahr).

Natürlich ist diese Methode nicht in jedem Fall übertragbar, und man wird nicht überall zu den gleichen Ergebnissen kommen. Jede Situation ist anders, und die jeweiligen Anforderungen brauchen unterschiedliches Herangehen. Wer jedoch in seinem Anliegen für den geistlichen Reifeprozess ein missionarisches Herz behält, darf Ergebnisse erwarten. Entscheidend ist, dass wir die geistlichen Ziele und auch die einzelnen Schritte festlegen, die Menschen unternehmen müssen, um diese zu erreichen.

Missionarische Zielsetzung bedeutet, dass jedes Programm, jede Vorgabe, jedes Event, das neu gestartet werden soll, anhand der folgenden Fragen geprüft werden muss:

- Was soll mit einem Programm oder Event erreicht werden?
- Hilft es, Menschen in ihrem geistlichen Reifeprozess nach vorne zu bringen?
- Dient es den mir Anvertrauten, Jesus ähnlicher zu werden?

Man braucht kein Hochstudierter zu sein, um solche Fragen zu beantworten. Aber es ist wichtig, dass Klarheit herrscht, wie der geistliche Reifeprozess aussehen soll, durch den man Menschen führen will, die einem in Gemeinde oder Kleingruppe anvertraut sind. Bei allen Angeboten von christlichen Werken, Verlagen, oder Gruppen, bei allen Veranstaltungen und Events, die an uns herangetragen werden, gilt es daher zu überlegen:

- Trägt es dazu bei, dass bei unseren Kindern in der Sonntags-schule, bei den Jugendlichen oder den Familien Glaube, Anbetung Gottes oder das Gebetsleben gestärkt werden und fördert es das geistliche Wachstum?
- In welcher Form hilft es ihnen, Wort Gottes tiefer zu verstehen und in der Kraft des Heiligen Geistes zu leben, um z.B. den Nächsten mehr zu lieben und Entscheidungen nach Gottes Willen zu treffen?
- In welcher Form werden Anleitung zum geistlichen Frucht-bringen vermittelt oder biblisches Denken gefördert, damit Gottes ewiges Reich sichtbar wird?

Wenn wir in unserem Dienst Mission nicht aus dem Auge verlieren möchten, sollten wir Materialien und Anleitungen verwenden, die darauf hinarbeiten, dass Christen von ganzem Herzen Jesus nachfol-gen und ein Leben nach seinem Vorbild führen.

2. Ein prozessorientierter Ansatz will Christusähnlichkeit im Alltag

Die kommende Generation braucht Vorbilder. Die Jugendlichen müssen buchstäblich Nachfolger Jesu hören und sehen. Der prozessorientierte Dienst braucht daher Mitarbeiter, die diesem Anspruch gerecht werden. Dieses Konzept erinnert an die Worte des Apostels Pauls, als er schrieb: *»Seid miteinander meine Nachahmer, Brüder, und seht auf die, welche so wandeln, wie ihr uns zum Vorbild habt«* (Phil 3,17). In seinen Worten an Timotheus führte er diesen Gedanken weiter aus: *»Niemand verachte deine Jugend, sondern sei ein Vorbild der Gläubigen im Wort, im Wandel, in Liebe, im Glauben in Keuschheit«* (1Tim 4,12).

Vorbilder für unsere Kinder und Jugendlichen zu sein, bedeutet nicht, vollkommen sein zu müssen, aber dass unsere Kinder an unserem Beispiel sehen, wie Nachfolge Jesu gemeint ist.

Neulich beriet ich mit drei Männern, wie in einer Sache vorzugehen sei. Im Verlauf des Gespräches verschärfte sich der Ton und einer der beiden wurde mir gegenüber recht laut, weil er anderer Meinung war als ich. Später am Abend suchte er mich jedoch in Begleitung des anderen auf und entschuldigte sich mit den Worten: »In unserer Diskussion fühlte ich mich verletzt und fürchtete, mit meinen Plänen nicht ernst genommen zu werden. So habe ich mich gewehrt und unhöflich euch beiden gegenüber reagiert. Ich weiß, das war nicht in Ordnung und nicht die Art Jesu. Dich, Josh, habe ich verletzt; und das tut mir leid. Bitte vergib mir.«

Natürlich war sein Verhalten wenige Stunden zuvor kein tadelloses Beispiel von Christusähnlichkeit gewesen, dennoch war ein Vorbild in aufrichtiger Christusnachfolge, weil er auf die

Stimme des Geistes Gottes hörte, als diese ihn darauf aufmerksam machte, dass er jemanden verletzt hatte.

Ob wir es glauben wollen oder nicht, Jugendliche können ruhig miterleben, wie wir versagen und dann um Vergebung bitten. Sie müssen Zeuge werden, wie wir uns dann in Demut üben, weil wir unsere Fehler einsehen und beobachten *»wie wir Christus immer ähnlicher werden«* (2Kor 3,18). Keiner von uns »hat es nämlich geistlich geschafft«, und wir werden es erst »geschafft« haben und vollkommen sein, wenn wir bei Jesus in der Herrlichkeit sind. Es muss für die Jugendlichen als Beobachter deutlich werden, dass ein solcher geistlicher Reifeprozess ein lebenslanger Weg ist, um Jesus ähnlicher zu werden. Wir entwachsen nämlich niemals dem tiefen geistlichen Bedarf nach Vertiefung des Glaubens, Anbetung, Gebet und Abhängigkeit von Gottes Wort, Unterwerfung unter seinen Heiligen Geist, Nächstenliebe etc. Wenn die Gemeinde Jesu in der nächsten Generation überleben soll, müssen junge Menschen bei authentischen Christen gelebten Glauben sehen.

Zu den großen Vorzügen des prozessorientierten Ansatzes gehört, dass er für ein Modell das Vorbild liefert: für generationenübergreifenden Dienst.

3. Prozessorientierter Dienst ist generationenübergreifend

Wir leben im Zeitalter der Doppelverdiener, und junge Menschen verbringen nur wenige Minuten tieferer Gespräche mit ihren Eltern. Vorbei ist die Zeit, als Großfamilien um den Kamin saßen und sich austauschten. Vor 55 Jahren lebte in 60 bis 70% aller

Haushalte in den USA zumindest ein Großelternteil, heute profitieren nur 2% aller Haushalte von dieser Unterstützung.[2]

Gemeinsame Unternehmungen von alt und jung gehören buchstäblich der Vergangenheit an, und die Konsequenzen sind in der Gesellschaft durchaus spürbar. Wir profitieren nicht mehr von jener wunderbaren Mischung aus Weisheit und Liebe durch regelmäßige Kontakte zu den Großeltern. In Folge dessen fehlen uns das Erbe, der Anschluss und die Kontinuität zur Vergangenheit oder zur Geschichte, was durch generationenübergreifende Kontakte möglich wäre. Leider fehlt nicht nur Austausch zwischen Enkelkindern und Großeltern, sondern auch zwischen Kindern und Eltern. Der volle Terminplan und die hohen Erwartungen unserer Zeit scheinen die Wertevermittlung zwischen den Generationen auf ein Minimum zu beschränken. Aus diesem Grund fühlen sich viele junge Leute mehr oder weniger heimatlos und von der Erwachsenenwelt entfremdet. Wenn wir das nicht korrigieren, wird es sehr schwer werden, unseren Glauben und unsere Werte der nächsten Generation zu vermitteln und weiterzugeben. Wenn Werte nur einfach theoretisch gelehrt werden, gehen sie nicht tief genug. Sie müssen vielmehr wie eine richtige Infektion von Mensch zu Mensch übertragen werden. Dies geht nur durch ständigen Kontakt mit Menschen, die diese verkörpern.

Generationsübergreifender Dienst ist nichts anders als Erwachsene, Kinder und junge Leute zur Interaktion zu führen, um voneinander im geistlichen Reifeprozess zu lernen. Es reicht nicht, dass man Eltern Erziehungsinfos zugänglich macht und sie dann nach Hause zurückschickt, um so anschließend Experten in Sachen Erziehung zu werden. Vielen jungen Eltern fehlen einfach die Vorbilder. Christliche Gemeinden könnten hier einen großen

Beitrag leisten, damit es auch in der zukünftigen Generation noch Christen gibt, wenn sie innerhalb der Gemeinde Begegnungen zwischen Eltern, Kindern und Teenagern ermöglichen und gleich vor Ort Eltern in der Erziehung Stütze geben.

Stellen wir uns vor, die Eltern besuchten von Zeit zu Zeit Kindergottesdienst oder Sonntagsschule. Es wäre eine Chance, an der Welt ihrer Kinder Anteil zu nehmen, um so auf bedeutsame Weise interaktiv zu werden. Es wäre eine Möglichkeit, dass Erwachsene auf diese Weise besser mit den Gefühlen von Traurigkeit und Einsamkeit der Kinder fertig werden, wenn sie zum Beispiel von sich erzählen, wie sie mit Verlusten von Freunden in ihrer Grundschulzeit umgegangen sind. Wenn Erwachsene z.B. ihr Herz öffnen und ihre Kinder an eigenen Verlusterlebnissen teilhaben lassen, können sie ganz anders auf die Nöte und traurigen Erlebnisse der Kinder eingehen. So erzählte der Vater seinem sechsjährigen Sohn: »Ich kann mich noch erinnern, wie es war, als mein bester Freund wegzog, als ich sechs Jahre alt war. Es hat mich sehr mitgenommen, und ich musste weinen. Selbst heute macht mich das noch irgendwie traurig.« Dann kann Trost auch mal von Seiten des Kindes kommen und der Sohn den Vater mitfühlend umarmen. Beide erleben, was in Römer 12,15 steht: »*An den Bedürfnissen der Heiligen nehmet teil ...*« – und wir erleben ein Stück Gemeinsamkeit.

Es ist nur ein Beispiel, wie man als Eltern »Lernen am Arbeitsplatz« erleben kann und aus einem Programm ein Miteinander oder ein Prozess wird. Doch so können Eltern lernen, wie man den Kindern Aufmerksamkeit schenkt, ihnen Rückhalt gibt ohne sie zu verurteilen, wie man ein trauriges Kind tröstet, und seinem Wunsch nach Liebe, Zuwendung, Mut, Sicherheit und Respekt entspricht. Eltern von Teenagern können lernen, wie sie positiv mit ihnen umgehen und ihnen Rückhalt in den anstrengenden Jahren der Pubertät geben.

Wie wäre es, wenn Eltern und Teenager in getrennten Gruppen Anleitung bekämen, wie sie sich öffnen und miteinander ins Gespräch kommen können, um über das zu sprechen, was sie bewegt. Möglicherweise fällt es der Mutter dann leichter, ihrer Tochter zu erzählen, welche Probleme sie zum Beispiel selbst im Sport hatte. Vielleicht wird dem jungen Mädchen bewusst, dass die Mutter sich doch in es hineinversetzen kann und weiß, was es mitmacht. Es berührt den jungen Menschen möglicherweise sehr, wenn ein Vater zugibt, dass er in der Erziehung das Gefühl des Versagens kennt und sich dafür entschuldigt, seinem Teenager gegenüber zornig und ungeduldig gewesen zu sein. Einen ebensolchen tiefen Eindruck hinterlässt es vielleicht, wenn Eltern offen darüber sprechen, wie sehr sie sich danach sehnen, in diesen Momenten mehr auf Gottes Geist zu hören, damit die Geduld und Sanftheit Jesu in ihrem Leben sichtbar werden. Wenn Kinder und Jugendliche Zeuge werden, wie im Leben von Vater und Mutter ein geistlicher Reifeprozess stattfindet, ist es auch für sie eine Motivation zum geistlichen Wachstum.

Generationenübergreifender Dienst ist sicherlich keine einfach Aufgabe, wenigstens nicht am Anfang, weil die Mehrheit der Ortsgemeinden auf einer völlig anderen Struktur aufgebaut ist. Vielfach wird ein Umdenken notwendig sein, wenn wir wirklich missionale Gemeinden werden wollen.

Vor einiger Zeit fand ein Treffen mit fünfzig vollzeitlichen und nebenberuflichen Mitarbeitern statt, um ihnen unser Anliegen für die nächste Generation zu erzählen. Zusammengerechnet war eine

Dienstspanne von 300 Jahren versammelt. Mit so viel Erfahrung vor Ort hofften wir auf einiges Verständnis für den generationsübergreifenden Dienst. Wir sollten Recht behalten.

Und so stellten wir den erfahrenen und verständnisvollen Mitarbeitern drei Fragen:

- Was sind die Vorzüge des generationenübergreifenden Dienstes?
- Was sind die Hindernisse eines generationenübergreifenden Dienstes?
- Wie überwinden wir die Hindernisse eines generationenübergreifenden Dienstes?

Sie erarbeiteten daraufhin die folgenden Antworten:

Was sind die 10 Vorzüge des generationenübergreifenden Dienstes (nach Priorität geordnet)?

1. Austausch von Wissen und Lebenserfahrung, damit das gegenseitige Verständnis wächst und Vertrauen gebildet wird
2. Verstärkte Kommunikation zwischen Jugendlichen und Erwachsenen
3. Möglichkeiten der Begleitung, der Führung und des Vorbildes
4. Weniger Angst
5. Stärke Vertrautheit und Offenheit
6. Stärkeres Einheitsgefühl und Miteinander
7. Stärkeres Empfinden der Jugendlichen, geachtet und gehört zu werden
8. Ort der Geborgenheit entsteht, wo Zuneigung wachsen kann

9. Stärkere Familienverbände
10. Stärkere Lebendigkeit, da die Begeisterung und Dynamik der jungen Leute auf ältere Erwachsene überspringt

Das sind eindrucksvolle Vorzüge, und man wundert sich in der Tat, warum nicht mehr Gemeinden den generationenübergreifenden Dienst mit Nachdruck vorantreiben. Wir fragten daraufhin dieselbe Gruppe, welche wesentlichen Hindernisse sich in den Weg stellten?

Wie lauten die 10 Hindernisse des generationenübergreifenden Dienstes (nach Priorität geordnet)?

1. Abwehrhaltung oder Angst etwas zu verändern
2. Angst sich zu öffnen, Furcht vor Vertrautheit und der Wirklichkeit ins Auge sehen zu müssen
3. Keine Zeit und zu viele Termine (zum Beispiel generationenübergreifender Dienst »ist zu viel Arbeit«)
4. Nicht wissen, wie es geht, und niemand, der es in die Hand nimmt
5. Gemeindestrukturen und Traditionen
6. Angst vor Scheitern, besonders bei Vätern
7. Nichtgelöste Konflikte in Familien, Mangel an Vertrauen und Achtung
8. Fehlende Prioritäten in Gemeinde und Familie gleichermaßen
9. Misstrauen (zum Beispiel generationenübergreifender Dienst ist dermaßen »anders« und vielleicht auch »falsche Lehre«)
10. Verkennung der kulturellen Bedeutung

Bei so einer langen Reihe von Hindernissen, kann man leicht verstehen, warum so wenige Gemeinde und Werke bereit sind dazu, diesen Dienst voranzutreiben. Aber unsere erfahrene Arbeitsgruppe, die selbst 300 Dienstjahre abdeckte, sah gleichzeitig zahlreiche Möglichkeiten, wie man diese Hindernisse aus dem Wege räumen könnte.

Wie überwinden wir die vier stärksten Hindernisse eines generationsübergreifenden Dienstes?

1. Überwinden von Widerstand oder Angst vor Veränderungen
- Bewusstmachen des Problems durch Seminare und Predigtmaterial
- Auf die Vorzüge hinweisen, Zeugnis davon geben
- Die Gemeindeleitung davon überzeugen
- Mit einem Pilotprogramm auf kleiner Flamme beginnen und von dort aufbauen
- Schulung anbieten

2. Überwinden der Angst vor Offenheit, Vertrautheit oder der Wirklichkeit
- Anhand der Bibel allen Ängsten begegnen
- Vorbildhaftes Verhalten bei der Leitung, was Transparenz, Ehrlichkeit und Authentizität angeht
- Material für die Verkündigung auf der Kanzel, für Kleingruppen und für die Familie
- In allem soll der Herr den ersten Platz einnehmen
- Vorrangig die Gemeinsamkeiten und die gemeinsame Basis

zwischen jungen Leuten und Erwachsenen betonen, weniger die Unterschiede

- Missionarische Absichten für den generationsübergreifenden Dienst unter Jugendlichen und Erwachsenen formulieren
- Generationenübergreifen Dienst unter den Segen Gottes stellen und dafür beten

3. Überwinden von Hindernis Zeitmangel

- Die Prioritäten für die Ortsgemeinde festlegen
- Festlegen, was wesentlich ist
- Vorbildfunktion der Leitung im Umsetzen der Prioritäten
- Integrieren und Ersetzen von bestehenden Dienstprogrammen mit generationenübergreifenden Elementen

4. Mangel an Schulung beseitigen

- Pastoren und Gemeindeleiter von der Notwendigkeit der Schulung überzeugen
- Ehepaare innerhalb der Gemeinde ansprechen, sich im generationenübergreifenden Dienst zu engagieren
- Material zur Verfügung stellen

Das sind ganz hervorragende Schritte, obwohl es nicht möglich sein wird, alle auf einmal und sofort einzuführen. (Es wäre auch alles andere als weise). Aber wir müssen irgendwo beginnen, denn wir können uns nicht länger mehr unsere blinde Loyalität zum griechischen Erziehungsmodell leisten. Es gilt, unsere Gemeinden zu ermuntern, nicht nur zu verkündigen, sondern prozessorientierter zu werden und weg von Programmen zu einem klaren Ziel zu kommen. Es gilt, zur Ganzheitlichkeit überzugehen, zum hebräischen Weg, der unseren Teenies hilft, sich der Realität zu stellen und die Wahrheit zu begreifen, damit sie ein leuchtendes Vorbild der gelebten Nachfolge Jesu werden. Möglicherweise schaffen wir das nicht mit einem Schritt, aber es muss angegangen werden und wenn wir weise vorgehen, dann werden wir eines Tages Ergebnisse sehen.

4. Generationenübergreifender Dienst ist mutig und neu

Ohne Zweifel spüren wir den Druck einer gottlosen Kultur und beobachten den negativen Einfluss auf unsere Kinder und Familien (wie auch auf die Gemeinde selbst). Wir spüren, wie viele im Freundeskreis, in der Familie (und in der Gemeinde) innerlich unzufrieden sind und die Dringlichkeit empfinden, dass etwas getan werden muss, sonst überleben unsere Gemeinden nicht unsere eigene Generation. Es ist daher unser Anliegen, dass dieses Buch ein Anstoß sein kann, um dem auf positive und praktische Weise entgegenzuwirken.

Doch dieser prozessorientierte Ansatz ist herausfordernd und wendet sich gegen den *Status quo*. Er braucht Kraft zur Einführung und Beharrlichkeit, nicht gleich aufzugeben. Dazu kann ich nur Mut machen, denn wir müssen aktiv werden, damit sich geistlich etwas verändert.

Ein Weg dahin wäre, dieses Buch den leitenden Mitarbeitern und den fünf prägendsten Familien einer Gemeinde zu schenken, auch der Gemeindeleitung, dem Jugendleiter, um dann später in einem Treffen darauf einzugehen.

Um geistlich etwas zu verändern, wäre vielleicht auch ein

Treffen mit den leitenden Mitarbeitern ein entscheidender Schritt in der Umsetzung dieses Gedankens.

5. Prozessorientierter Dienst kann überregional sein

Stärke und Kraft bekommen wir nicht durch Zahlen, aber immer durch Menschen, die zum gleichen Zweck zusammenkommen. Der weise König Salomo sagte: *»Zwei sind besser als ein einzelner, weil sie einen guten Lohn für ihre Mühe haben«* (Pred 4,9-10).

Gemeinden in diesem Land und überall in der Welt sollten zusammenarbeiten, ohne ihre besonderen Merkmale aufzugeben. Die Gründe für das Bestehen der vielen unterschiedlichen evangelikalen Denominationen und Gemeindegruppen (verschieden im Anbetungsstil, in theologischen Schwerpunkten etc.) sind meist berechtigt, aber angesichts der vielen Dinge, die wir gemeinsam haben, erscheint das Trennende eher gering. Wir haben weit mehr gemeinsam als uns gemeinhin bewusst ist, und es gibt mehr Raum (und Grund) zur Zusammenarbeit als wir oft denken.

Schlussgebet

Für dieses Buch gibt es keinen passenderen Abschluss als das Schlussgebet, das der Apostel Paulus vor zweitausend Jahren niederschrieb. Es drückt unseren aufrichtigen Wunsch und unser Anliegen aus, unsere Leser in ihrem Dienst und in ihrem Bemühen zu unterstützen, durch prozessorientierten Dienstansatz eine

Generation heranzubilden, die als Nachfolger Jesu eine tief-
greifende Lebensveränderung erfahren hat, so dass wir nicht
fürchten müssen die letzte christliche Generation in unserem Land
zu sein:

> *»Er gebe euch nach dem Reichtum seiner Herrlichkeit, mit Kraft*
> *gestärkt zu werden durch seinen Geist an dem inneren Men-*
> *schen, dass der Christus durch den Glauben in euren Herzen*
> *wohne und ihr in Liebe gewurzelt und gegründet seid, damit ihr*
> *imstande seid, mit allen Heiligen völlig zu erfassen, was die*
> *Breite und Länge und Höhe und Tiefe ist, und zu erkennen, die*
> *Erkenntnis übersteigende Liebe des Christus, damit ihr erfüllt*
> *werdet zur ganzen Fülle Gottes. Dem aber, der über alles zu tun*
> *vermag, über die Maßen mehr, als wir erbitten oder erdenken,*
> *gemäß der Kraft, die in uns wirkt, ihm sei die Herrlichkeit in*
> *der Gemeinde und in Christus Jesus auf alle Geschlechter hin in*
> *alle Ewigkeit! Amen!«* (Eph 3,16-21).

Die Autoren

Josh Mcdowell beabsichtigte zunächst nicht, Verteidiger des christlichen Glaubens zu werden. Eigentlich verfolgte er ein ganz anderes Ziel. Als junger skeptischer Student am *Kellogg College* in Michigan brachte ihn eine Gruppe von christlichen Studenten ins Nachdenken, so dass er sich entschloss, die Ansprüche des christlichen Glaubens intellektuell unter die Lupe zu nehmen. Er wollte unbedingt beweisen, dass die Behauptungen von der Gottheit Jesu Christi und der historischen Zuverlässigkeit der Bibel weder der Wahrheit entsprechen noch glaubwürdig sein können. Die Beweise, auf die er im Verlauf stieß, untermauerten aber die Bibel als historisch zuverlässiges Dokument des Altertums und festigten den Anspruch Jesu, Gott zu sein. Diese Tatsache konfrontierte ihn mit der unausweichlichen Konsequenz, dass Christus ihn liebte und für ihn gestorben war. Josh nahm nun Christus als Sohn Gottes und persönlichen Erlöser an.

Josh Mcdowell setzte seine Studien anschließend am *Wheaton College* fort und schloss mit einem Bachelor in Sprachen ab. Den Master in Theologie erhielt er vom *Talbot Theological Seminary* in Kalifornien. 1964 wurde er Mitarbeiter von *Campus für Christus* (CfC) und wurde anschließend Reisesekretär im internationalen Dienst dieser Studentenmission, wobei er sich schwerpunktmäßig mit den Problemen junger Menschen befasste.

Josh konnte während seines Dienstes zu mehr als zehn Millionen jungen Menschen in 84 Ländern sprechen, darunter waren mehr als 700 Universitäten und Colleges. Er hat als Autor und Mitautor mehr als 100 Bücher und Arbeitsbücher verfasst, weltweit wurden zweiundvierzig Millionen Exemplare gedruckt. Die bedeutendsten Bücher von Josh Mcdowell waren *Die Bibel im Test*, *Wer ist dieser Mensch*, *Right from wrong*, *Beyond Belief to conviction*.

Josh ist seit mehr als 34 Jahre mit Ehefrau Dottie verheiratet und hat vier Kinder. Beide leben in Dana Point, Kalifornien.

Dave Bellis ist Autor, Produzent und Berater für den geistlichen Dienst mit Schwerpunkt Planung und Produktentwicklung. Er leistete stückweit Pionierarbeit, indem er ein interaktives Video mitsamt Arbeitsbuch für die Glaubensunterweisung erstellte, das von 100.000 Gemeinden und Kirchen weltweit genutzt wird. Mehr als 29 Jahre betreute er die Dienste von Josh Mcdowell und hat mehr als 100 Arbeitsmaterialen erstellt. Er und seine Frau Becky leben in Copley, Ohio, und sie haben zwei erwachsene Kinder und sechs Enkelkinder.

Anmerkungen

Kapitel 1

1. George Barna, *Real Teens* (Ventura: Regal Books, 2001), S. 136. Die statistischen Angaben in diesem Buch beziehen sich auf Umfragen in den USA. Da Deutschland stärker als die USA von der Aufklärung geprägt ist und Liberalität schon über viele Generationen eine Herausforderung für biblische Gemeinden ist, könnte die Situation hier noch alarmierender sein (A.d.Ü.).
2. Nehemiah Institute, Inc. *PEERS Trend Chart and Explanation*, (Lexington, KY: www.nehemiahinstitute.com, 2004).
3. Barna Research Group, *Life Goals of American Teens*, study commissioned by Josh McDowell Ministry (Ventura, CA: The Barna Research Group, Ltd., 2001), S. 6.
4. Ebd. S. 8.
5. Ebd. S. 4.
6. Barna Research Group, *Third Millennium Teens* (Ventura, CA: The Barna Research Group, Ltd., 1999), S. 51.
7. Ebd. S. 65.
8. Ebd. S. 43.
9. Josephson Institute of Ethics: *The Ethics of American Youth*, (2002ReportCard@www.josephsoninstitute.org).
10. George Barna, *Think Like Jesus* (Minneapolis: Baker Books, 2003), S. 26.
11. George Barna, *The State of the Church: 2005* (Ventura, CA: The Barna Research Group, Ltd., 2005), S. 51.

Kapitel 2

1. Josh D. McDowell und Bob Hostetler, *Right From Wrong* (Nashville: Word, 1994), S. 263.
2. Jerry Adler, In Search of the Spiritual, *Newsweek*, September 5, 2005, S. 48-49.
3. Barna Research Group, *Third Millennium Teens* (Ventura, CA: The Barna Research Group, Ltd.,1999), S. 49.
4. Ebd. S. 49.

Kapitel 3

1. Jim Leffel, Our New Challenge: Postmodernism, *The Death of Truth*, ed. Dennis McCallum (Minneapolis: Bethany House, 1996), S. 35.
2. Barna Research Group, *Third Millennium Teens* (Ventura, CA: The Barna Research Group, Ltd., 1999), S. 47.
3. Ebd. S. 44.
4. Die Rolle der Augenzeugen und viele Details wie in den Berichten sichern die Auferstehung ab. Siehe 1Kor 15,3 und 1Jo 1,1. Sehr gut dazu ist das Buch „Die Auferstehung" von Josh McDowell, CLV Bielefeld (A.d.Ü.).

Kapitel 4

1. Top 100 Bücher der OCLC Datenbank, in *University of North Dakota Chester Fritz Library News*, Fall 1999, Vol. 9, Issue 2,2.

2. Rick Richardson, *Eight Urgent Questions by Today's Generation*, http://www.getchurch.org/inside/01-04.)

3. Barna Research Group, *Third Millennium Teens* (Ventura, CA: The Barna Research Group, Ltd., 1999), S. 44.

4. Milliard J. Erickson, *Christian Theology*, 2nd. Ed. (Grand Rapids: Baker, 1998), S. 45.

5. Notebook, Verbatim, *Time*, July 18, 2005, S. 13.

Kapitel 5

1. Barna Research Group, *Third Millennium Teens* (Ventura, CA: The Barna Research Group, Ltd., 1999), S. 63.

2. Ebd. S. 18.

3. Ebd. S. 18.

4. Ebd. S. 39.

5. Ebd. S. 16.

6. Rick Warren, *The Purpose Driven Church* (Grand Rapids: Zondervan, 1996), S. 191 (dt. *Kirche mit Vision*, Gerth Medien).

7. Barna Research Group, *Third Millennium Teens*, 66.

8. Ebd. S. 37.

9. Ebd. S. 37.

10. Ebd. S. 68.

11. BeyondBelief.com, March 20003 Newsletter Survey (Dallas: Josh McDowell Ministry, 2003).

12. BeyondBelief.com, March 2003 Newsletter Survey (Dallas: Josh McDowell Ministry, 2003).

Kapitel 6

1. Barna Research Group, *Third Millennium Teens* (Ventura, CA: The Barna Research Group, Ltd., 1999), S. 39.
2. Christian Smith, *Soul Searching: The Religious and Spiritual Lives of American Teenagers* (New York: Oxford University Press, 2005), S. 89.

Kapitel 7

1. Zitiert nach Michael Strassfeld's *The Jewish Holidays* (New York: Harper Collins Publishers, 1985), S. 6, 23, 25.

Kapitel 8

1. Zitiert nach Josh D. McDowell, Bob Hostetler, and David H. Bellis, *Beyond Belief to Convictions* (Wheaton, IL: Tyndale House Publishers, 2002), S. 83-85.
2. Zitiert nach Josh McDowell and Bob Hostetler, *Right From Wrong* (Nashville: Word, 1994), S. 87-89.
3. Aus: *To my dear Husband* (Cleveland: American Greetings, 2005).
4. Isaac Watts, *When I Survey the Wondrous Cross*, (Newbury Park, CA: Lexicon Music Inc., 1976), S. 156 (dt. von Günter Balders, 1976).

Kapitel 9

1. Zitiert nach Josh McDowell, Bob Hostetler, and David H. Bellis, *Beyond Belief to Convictions* (Wheaton, IL: Tyndale Hous Publishers, 2002), S. 189-191.

2. Rick Warren, *The Purpose Driven Life* (Grand Rapids: Zondervan, 2002), S. 17 (dt. *Leben mit Vision*, Gerth Medien).

3. Barna Research Group, *Third Millennium Teens* (Ventura, CA: The Barna Research Group, Ltd., 1999), S. 44.

4. Ebd. S. 43.

5. Josh McDowell and Bob Hostetler, *The Truth Slayers* (Nashville: Word Publishing, 1995), S. 129-132.

Kapitel 10

1. *The Churched Youth Study* (Dallas: Josh McDowell Ministry, 1994), S. 69.

2. Cecilia Goodnow, »Is It Teen Angst or Depression«, *Seattle Post-Intelligencer*, October 28, 2002.

3. Ebd.

4. David Ferguson, *The Never Alone Church* (Wheaton, IL: Tyndale House Publishers, 1998), S. 13.

5. C. S. Lewis, *Mere Christianity* (New York: Macmillan, 1943), S. 36 (dt. *Pardon, ich bin Christ*, Brunnen Gießen).

6. Rick Warren, *The Purpose Driven Life* (Grand Rapids: Zondervan, 2002), S. 285 (dt. *Leben mit Vision*, Gerth Medien).

Kapitel 11

1. George Barna, *The State of the Church: 2005* (Ventura, CA: The Barna Group, 2005), S. 25.
2. Ebd., S. 21.
3. George Barna, *Think Like Jesus* (Minneapolis: Baker Books, 2003), S. 26.

Kapitel 12

1. George Barna, *The State of the Church: 2005* (Ventura, CA: The Barna Group, 2005), S. 12 und 14.
2. Os Guiness, *The American Hour* (New York: The Free Press, 1993), S. 84.

Materialempfehlung des deutschen Herausgebers

Josh McDowell beschreibt in diesem Buch, dass junge Menschen für ihren Glauben ein gutes biblisches Fundament und das gelebte Vorbild erwachsener Gläubiger brauchen. Auf den folgenden Seiten stellen wir Ihnen Material vor, das bei der Verwirklichung dieses Ansatzes helfen will. Es eignet sich ideal für den Einsatz in der Gemeinde, aber auch für den Gebrauch in der Familie.

Das Glaubensfundament stärken

Hartmut Jaeger / Joachim Pletsch
Biblische Lehre für junge Leute
Das Arbeitsbuch für Bibelunterricht, Teenykreis, Schule und Familie

Geb., 376 Seiten
Best.-Nr. 273.843
€ (D) 19,90; € (A) 20,50; SFR 29,50
ISBN 978-3-89436-843-2

Ein grundlegendes Werk für den systematischen Bibelunterricht mit Teenagern. Es geht dabei nicht um die reine Wissensvermittlung, sondern der Bezug zum Leben wird immer hergestellt. Jede der 22 Lektionen kann in 3-4 Unterrichtsstunden erarbeitet werden. Alle Arbeitsblätter sind auf einer beigefügten CD-ROM enthalten.

Hartmut Jaeger / Joachim Pletsch
Biblische Lehre kompakt
188 Fragen und Antworten
Tb., 224 Seiten

Best.-Nr. 273.877
€ (D) 7,90; € (A) 8,10; SFR 11,90
ISBN 978-3-89436-877-7

Dieses Kompendium informiert systematisch über die wichtigsten biblischen Lehrthemen. Es ist das ideale Ergänzungs- und Vertiefungsbuch zu *Biblische Lehre für junge Leute* und bietet biblische Lehre kompakt im Überblick, Antworten auf 188 Fragen und einen Leitfaden zur schnellen Orientierung bei einzelnen Themen.

Charles C. Ryrie
Die Bibel verstehen
Das Handbuch systematischer Theologie für jedermann / Geb., 608 Seiten

Best.-Nr. 273.109
€ (D) 19,90; € (A) 20,50; SFR 29,50
ISBN 978-3-89436-109-9

Der Autor erklärt die grundlegenden Themen systematischer Theologie im Kontext der Heiligen Schrift (Gott, Bibel, Engel, Teufel, Mensch, Sünde, Gemeinde usw.). Für Bibelleser, Gemeindemitarbeiter, Bibelschüler u.a.

Als Mitarbeiter vorbereitet sein

Josh McDowell / Bob Hostetler
Handbuch Jugendseelsorge
Ein Führer für Jugendmitarbeiter, Prediger,
Lehrer und Eltern / Geb., 640 Seiten

Best.-Nr. 273.176
€ (D) 19,90; € (A) 20,50; SFR 29,50
ISBN 978-3-89436-176-1

Ein kompetenter Führer durch die Problemfelder des Teenager-
und Jugendalters. Eine Fülle verschiedener Gesichtspunkte werden
behandelt. Die Autoren verbinden Verständnis und Mitempfinden
mit deutlicher Unterstreichung biblischer Wertmaßstäbe.

Barry St. Clair
Mitarbeiter mit Herz
Leiterkurs für die Zurüstung von Jugend-
mitarbeitern / Brosch., 304 Seiten

Best.-Nr. 273.612
€ (D) 14,90; € (A) 15,30; SFR 22,50
ISBN 978-3-89436-612-4

Dieser Kurs möchte Jugendmitarbeitern helfen, geistlich zu wachsen
sowie praktische Fähigkeiten zu lernen und anzuwenden, um für
ihre Arbeit mit Jugendlichen optimal vorbereitet zu sein.

Barry St. Clair
Jesus im Fokus
Leiterkurs für christuszentrierte
Jugendarbeit / Brosch., 112 Seiten

Best.-Nr. 273.514
€ (D) 9,90; € (A) 10,20; SFR 14,90
ISBN: 978-3-89436-514-1

Das Buch bietet viele Hilfen, wie man Nachfolger zu Leitern machen kann und sie dazu ausrüstet, andere zur Jüngerschaft anzuleiten. Dieses Material ist der Grundstein für ein Kursprogramm mit umfangreichem Zusatzmaterial.

Jugendliche auf dem Weg der Nachfolge

Barry St. Clair/Lothar Jung/Markus Wäsch
Jesus Starter Kit
Einsteigerkurs für ein Leben in der Nachfolge / Brosch., 64 Seiten

Best.-Nr. 273.611
€ (D) 8,90; € (A) 9,20; SFR 13,50
ISBN: 978-3-89436-611-7

Dieser Kurs richtet sich an Jugendliche und junge Erwachsene, die erste Schritte in der Nachfolge Jesu gehen. In sechs Lektionen werden die Themen Gebet, Zeugnis geben, Gemeinde, Vergebung, Veränderungen im Leben behandelt. Mit Kurzpredigten auf CD-ROM.

Barry St. Clair

Jesus nachfolgen

Jüngerschaft für junge Leute (Kurs 1)

Pb., 128 Seiten

Best.-Nr. 273.846

€ (D) 5,90; € (A) 6,10; SFR 8,90

ISBN: 978-3-89436-846-3

Dieses Buch will jungen Christen helfen, mit Zweifeln umzugehen, Gottes Liebe praktisch zu erfahren, im Wort Gottes zu wachsen und als ein echter Jünger zu leben.

Barry St. Clair

Zeit mit Gott verbingen

Jüngerschaft für junge Leute (Kurs 2)

Pb., 144 Seiten

Best.-Nr. 273.898

€ (D) 5,90; € (A) 6,10; SFR 8,90

ISBN 978-3-89436-898-2

In diesem Trainingskurs lernen junge Leute, was zu einem beständigen Leben mit Gott gehört und wie man ein enges Vertrauensverhältnis zu ihm aufbauen kann.

Weitere Titel aus dieser Reihe sind:

Jesus – mein Herr (Best.-Nr. 273.191)

Meinen Glauben weitergeben (Best.-Nr. 273.192)

Meine Umwelt beeinflussen (Best.-Nr. 273.193)

Barry St. Clair

Meet Jesus

Trainingskurs für 42 persönliche Begegnungen mit dem Sohn Gottes

Brosch., 264 Seiten

Best.-Nr. 273.513

€ (D) 9,90; € (A) 10,20; SFR 14,90

ISBN: 978-3-89436-513-4

Meet Jesus ist eine intensive Begegnung mit dem Leben Jesu: Geburt, Leben und Dienst, Tod und Auferstehung. Die Herausforderung dieses Kurses ist es, wenigstens 20 Minuten pro Tag damit zu verbringen, Jesus kennenzulernen, wie er wirklich ist.

William MacDonald

So ist Gott

Bibelkurs über die Eigenschaften Gottes

Brosch., 304 Seiten

Best.-Nr. 273.561

€ (D) 12,90; € (A) 13,30; SFR 19,50

ISBN: 978-3-89436-561-5

Gott hat Eigenschaften, die nur ihn auszeichnen (z.B. Allmacht), und Eigenschaften, die auch einen Jünger Jesu auszeichnen sollen (z.B. Heiligkeit, Liebe). Durch das Nachdenken über das Wesen Gottes soll unsere Ehrfurcht und Liebe zu Gott wachsen.

Kontaktadressen von Campus für Christus

Für Deutschland:

Campus für Christus
Am Unteren Rain 2
35394 Gießen
0049 641 975 18-0
info@campus-d.de
www.campus-d.de

Für Österreich:

Agape Österreich
(Zweig von Campus für Christus)
Davisstr. 11b
A-5400 Hallein
0043 (0) 6245 76012
office@agapeoesterreich.at
www.agapeoesterreich.at

Für die Schweiz:

Campus für Christus
Josefstrasse 206
CH 8005 Zürich
0041 (0)44 274 84 84
info@cfc.ch
www.cfc.ch